最新版

書いて覚える楽しいフォニックス

CD 2枚付き

フォニックス英会話アカデミー
齋藤留美子・齋藤了
著

ナツメ社

Phonics

Enjoy learning phonics by writing.

書いて覚える 楽しいフォニックス

Phonics 1

はじめに

この本を手にとってくださってありがとうございます。

本書は、英語の基礎であるフォニックスを、発音しながら、単語の上に書いて覚えていくという、今までにない画期的な内容の本です。

フォニックスとは「英語の文字と音の関係を示したルール」です。

英語圏の子供たちは、このフォニックスを使って英語の読み書きを練習していますが、今回この素晴らしい英語のルールを、さらに日本人向けにわかりやすく改良いたしました。

私は1991年（平成3年）に、フランチャイズの英会話教室からスタートしました。その時に初めてこのフォニックスの存在を知ったのですが、英語を習得する上でこんなに良いものがあったのか、と驚きとともに良い意味で衝撃を受けました。なぜならフォニックスを知っていれば、単語を発音記号や適当なフリガナをつけて苦労して読んだり、やみくもに綴りを書いて覚えたりすることが一切不要だからです。

フォニックスを勉強すると、次のような利点があります。
①初めて見る単語をすぐ読むことができます。
②何回も書かなくても単語が覚えられます。
③ネイティヴの発音した単語のスペリングが、想像でき書けるようになります。
④リスニング力がアップします。
⑤発音が上手になります。
　そして、書いて覚えるフォニックスを勉強すると、
⑥フォニックスのルールがよりしっかりと頭に入り、自信を持って英語習得に臨めます。
　など、本当にいいことずくめなのです。

このようにフォニックスは素晴らしいものなのですが、残念ながら知名度は低く、ほとんどの方がフォニックスがあるということも知りません。私が今回この本を出版しようと思い立ったのは、「こんなに良いものがどうして普及しないのだろう？」という、長年の思いからですが、何と言っても"書いて覚えるフォニックス"を導入することにより、教室に来ている生徒たちが、楽しみながら着実に力をつけ、実際に良い結果を出している事実に、大きな勇気を得たからでした。

「先生、フォニックスを知っていて本当によかった！」と言う生徒たちのように、一人でも多くの子供さんが、この本でフォニックスを学んで、笑顔で、「英語、勉強するの楽しいね！」と言ってくださることを、心から願っています。

フォニックス英会話アカデミー　**齋藤留美子**

このテキストの使い方

1. ＣＤを聞きながら学習してください

　このテキストは、ＣＤの音声を聞きながら、実際に英語の教室で勉強しているように、学習を進めることができます。全てのページに解説が入っていますので、その日勉強するページのトラック番号（ CD-1 2 のマーク）に合わせて、学習を進めてください。

　必要なところは、間を取ってありますが、時間が足りないときは、ＣＤプレイヤーの一時停止ボタン（pause）を押しながら、無理のないように学習してください。

トラックの割り当て	テキスト	トラック番号	テキスト	トラック番号
	Phonics 1	CD1-1 ～ CD2-1	Phonics 2	CD2-2～CD2-86

2. アルファベットの正しい読み方、書き方を最初にマスターしましょう

　フォニックスを勉強する前に、アルファベットの正しい読み方、書き方がウォーミングアップとして最初に取り上げられています。アルファベットがまだよくわからない人は、ＣＤを聞いて正しい発音ができるように、また書けるように付属のノートで練習しましょう。

3. フォニックスの発音練習が大切です
── アルファベット２６文字の音をしっかり覚えましょう

　ＣＤの中でも説明されていますが、アルファベット２６文字の音をまずきちんと覚えることが大切です。問題を解く前に、必ず発音練習のページを開いて練習してから始めてください。また日常的にこのページを使用し、アルファベット２６文字の音が、いつもスラスラ言えるように心がけてください。

4. 一回に、１～２ページ、ゆっくり学習してください

　教室では、フォニックスの音や規則をきちんとマスターすることを心がけ、一週間に一度の授業で、１ページずつ進めています。一度にたくさん学習するより、フォニックスの発音練習を重要視しながら、確実に音を覚え、またきれいな発音で自分でも言えるようになることが大切だからです。始める年令にもよりますが、特に小さいお子さんは、あせらず、ゆっくり、継続して学習することを心がけてください。

5. 答え合わせを、きちんと行いましょう

　わかるような簡単な問題も、付属の「答え」のページで答え合わせをきちんと行いましょう。特にPhonics 1の47ページ以降フォニックスを単語の上に書いていきますので、正確に書けているかどうか、必ず確認してください。答えが書けたら四角の中（ ／5 など）に、正解した数を書きましょう。全部あっていると本当に嬉しくなります。頑張りましょう。

6. フォニックスを書いて読むことができた単語は、ノートに練習しましょう

答え合わせをした後、フォニックスを書いて読むことができた単語は、必ずこの本の中にある "dictionary" で意味も確認して、付属の練習ノートで練習しましょう。発音しながらノートに書くことによって、フォニックスがより頭に入り規則もきちんと理解できるようになります。最後にノートに練習して、個々のページの学習が終わるということになります。

7. 声を出して、しっかり発音することが大切です

CDの中で、発音練習するところがたくさん出てきますが、その際お腹から声をしっかり出して発音しましょう。"書いて覚えるフォニックス" ですが、声を出して練習しなければ発音は上手になりません。CDの指示に従って声を出して発音することを心がけましょう。

8. お子さんの習熟度に合わせて学習しましょう

お子さんの年令によって、また理解度によって、進み方も違うと思いますが、小学校低学年で始められた場合、*著者の教室では同じテキストを1年目、2年目と2冊購入して、2回繰り返して学習します。同じものを2回勉強することにより、子供たちはよく理解できるようになるので、本当に楽しそうに学習しています。ですから、塾などで使用する場合、理想的なのはテキストが終わりましたら、もう一冊購入して、同じテキストを子供たちにやらせるのが効果的です。またご家庭で、お子さんに与える場合は、そのお子さんの習熟度に合わせ、例えばあるルールが、理解できていないと感じたら、その場所のCDを繰り返して聞き、ノートなどに答えを書かせるのも良いと思います。繰り返して学習すればするほど、フォニックスの定着度が増し、その後の英語学習が本当に楽になります。

9. 楽しんで学習してください

このテキストは、犬やウサギなどかわいいキャラクターの絵が、ぬりえができるようになっています。特に低学年のお子さんは、気分転換をしながらの学習が効果的ですので、自分だけのオリジナルテキストとして、好きな色を塗りながら楽しんで学習してください。

10. たくさん、褒めてあげてください

フォニックスを書いて覚えていきますので、書くことが苦手なお子さんは、最初抵抗があるかもしれません。そんな時、お子さんが継続して学習できるのは、保護者の皆さま、また指導者のやさしい励ましの言葉とお褒めの言葉です。"よくがんばったね" "よくわかるようになったね" "すごいなー" など、たくさん、たくさん褒めてあげてください。褒められたお子さんは、最後まで学習し、きっと素晴らしく成長されるでしょう。

＊著者の教室では、今回のテキストの内容が、初級、中級、上級と3冊に分かれ、子供の年令や習っている年数、理解度などによって異なります。詳しくお知りになりたい方は、次のフォニックス英会話アカデミーのホームページをご覧ください。

フォニックス英会話アカデミー 検索

Phonics 1 目次

アルファベットソング

エイ ビー スィー ディー イー エフ ジー
1. a b c d e f g
エイチ アイ ジェイ ケイ エル エム エヌ
h i j k l m n
オウ ビー キュー アール エス ティー ユー
o p q r s t u
ヴィー ダブリュー エックス ワイ ズィー
v w and x y z

Happy happy shall we be

when we learn our A B C.

ア ブ ク ド エ フ グ
2. a b c d e f g
ハ イ ジュ ク ル ム ヌ
h i j k l m n
オ ブ クゥ ゥル ス ト ア
o p q r s t u
ヴ ウ ク ス ヤ ズ
v w x y z

Happy happy shall we be

when we learn our Phonics.

今度は皆さんで歌ってみましょう。

教える先生も、教わる生徒たちもわかりやすい

書いて覚える
楽しいフォニックスについて

　私がフォニックスの魅力にとりつかれた最初の頃は、フランチャイズの英会話教室の教え通り、発音のみでフォニックスを教えていました。しかしフォニックスには、たくさんの決まりごと、ルールがあります。生徒たちが、そういったルールを、音声だけで覚えていくことが難しかったので、思い切って単語の上に片仮名で、フォニックスを書かせてみることにしました。

　英単語にルビを振ってはいけない、カタカナ英語になってしまう、というのが英語を教える方々の定説だと思います。私も初めは抵抗がなかったと言えば嘘になりますが、フォニックスを書かせることによって、生徒たちの力が格段にアップしました。

　それは、フォニックスをしっかり発音することによって、耳から覚え、それを書くことによって、視覚的に確認できるからだと思います。

　毎年、体験レッスンに子供さんと一緒に来られる保護者の方に、フォニックスの説明をしますと、皆さん一様に驚かれます。「フォニックスって、昔からあったのですか?」「単語に読み方があるなんて初めて聞きましたよ。」「そんなに良いルールがあったら、もう少し英語がわかり楽しく勉強できたかもしれません。」など、皆さん自分の学生時代を振り返り、英語に対する思いを驚きと共にぶつけられます。

　フォニックスは、このようにほとんどの方が知らないのですが、こんなに素晴しいものが、なぜ現在まで日本に普及しなかったのか、と考えた時に、英語圏の子供たちが学ぶように発音のみの指導なので、教える先生も、また学ぶ生徒たちもわかりづらい、ということが原因だったのではないかと思います。

　「フォニックスは、本で勉強すると音は聞こえないし、そうかといってCDを使えば今度は文字が見えない。いったいどうやって教えたらいいのだろう?」という指導者側の困惑した声をよく聞きます。

　しかし、日本人向けに考案した、この"書いて覚えるフォニックス"ならば、視覚的にきちんとルールが確認できるので、教える先生も、教わる生徒たちもわかりやすく、定着しやすいのではないかと思います。

　もちろん書いて覚えるといっても、正しい音をしっかり発音しながら行う、という従来のやり方とまったく変わりはありません。自分が発音したものを書くことによってしっかり確認できる、それが この"書いて覚えるフォニックス"の一番良いところなのです。

このフォニックスは、積極的に発話できない子を無理強いせず、書くことからアプローチできるという利点があります。実際に、教室で最初は小さな声でしか発表できなかった生徒が、フォニックスを書いていくうちに、単語が読めることがおもしろくなり、それが大きな自信になり積極的になっていったという例がたくさんあります。また、子供たちが単語の発音を忘れてしまった時に、CDの音声を聞かなくても、そして辞書を引かなくても、書くことによって思い出せるというメリットもあります。

　フォニックスを理解し始めると、子供は好奇心がとても強いので、英語で書かれたものを興味を持ってどんどん読んでいくようになります。そして、始める年令にもよりますが、小学校で3〜4年間フォニックスを勉強しますと、中学校1年生の教科書ぐらいはすらすら読めるようになります。ですから、教室では小学校6年生で中学生クラスになり、中学校の文法的な勉強に入ることができるのです。学校では、もちろん英語は得意科目になっています。

　私は、この"書いて覚えるフォニックス"が、全国の小学校で、英会話練習の訓練授業と平行して、副教材として使われることを、強く望んでいます。フォニックスを利用して、読む、書く、聞く、話す、と英語の基礎が小学校でしっかり身に付けば、私どもの教室で学んでいる生徒たちのように、英語が大好きになり、英語の習得が大きな自信となって、その後の人生に大きく役立つことでしょう。柔軟性のある小学生のうちから始めることが、本当に大切なことなのです。

　それでは、そんな魅力的な"書いて覚えていくフォニックス"とはどういうものなのか、次のページからフォニックスのルールを解説しながら、ご説明いたします。

フォニックスのルール その1 アルファベット 26 文字には音がある

アルファベット 26 文字には、 それぞれ音があります。

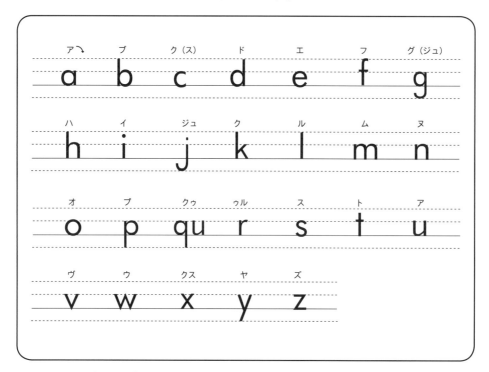

※ q は u と常に一緒に使われるので、qu と 2 語の表記になっています。

上の表を見てください。 後で詳しくひとつひとつの音をご説明しますが、 アルファベットにはそれぞれ
フォニックスの読み方（音）があるのです。
たとえば今 "box" という単語があるとします。
box の「b」は b さんという名前ですが、音は「ブ」と覚えていきます。
覚え方は、「b says b, b bag.」と発音練習をしながら、 アルファベット 26 文字の音をしっ
かり学んでいきます。

そして、 b =ブ, o =オ, x =クス とわかったら

ブ	オ	クス
b	o	x

と単語の上にフォニックスを書いていきます。

box =ブオクス→ボックスと音をつなげることにより、 読むことができます。
わかりやすいですね。

フォニックスのルール その2 サイレント e の読み方を覚える

フォニックスにはいろいろな読み方のルールがあるのですが、その代表的なものが、この『サイレント e 』と呼ばれるものです。

『サイレント e 』とは、単語の終わりが 1 つの母音＋子音＋ e のとき、末尾の e は読まずに、前の母音がアルファベットの読み方に変わるというルールです。

たとえば "win" という単語に "e" がついた場合はどうなるでしょう？
w ＝ゥ, i ＝イ, n ＝ヌ という音ですね。ですから win の上にそれぞれ書きますと、下記のようにウイヌとなり、続けるとウイン、勝つという単語になります。

$$\boxed{ウ}\boxed{イ}\boxed{ヌ} ＝ウィン（勝つ） → \boxed{ウ}\boxed{アイ}\boxed{ヌ}\boxed{×} ＝ワイン$$
w i n   w i n e

今度は win の後ろに e がついた wine についてです。
wine は『サイレント e 』のルールで末尾の e は読まないので、e の単語の上に × をつけます。
そしてひとつ前の母音がアルファベットの読み方に変わるので、" i " はフォニックスの読み方では「イ」でしたが、アルファベットの読み方「アイ」に変わります。
w と n はフォニックスの読み方通りなのでそのまま w ＝ゥ, n ＝ヌです。
続けると、ウアイヌ × →音をつなげるとワインになります。
すごいですね！ 「勝つ」という単語がワインに変身してしまいました。

win ⇒ wine

フォニックスのルール その3 2文字子音
ー2つの子音で新しい音を作るー

フォニックスのルール その1 では、アルファベット26文字のひとつひとつの音を覚えましたが、2つの子音で全く別の新しい音を作るというルールがあります。

それでは「white」という単語を例にとってご説明しましょう。

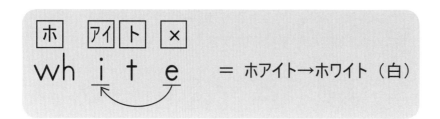

ルール その1 で学んだように ひとつひとつの音は w＝ウ, h＝ハ と発音しますが「wh」と子音が2つ並んだ場合「ホ」と発音します。 2つの子音については

「 wh says wh , wh whale. 」と発音練習しながら覚えていきます。
先程の「サイレントe」のルールを使って、末尾のeの上に ×を書いて、前の母音がアルファベットの読み方に変わるので i の上に「アイ」と書きます。
ホアイト×となり音をつなげるとホワイト（白）になります。

どうですか？ フォニックスはまるで魔法のようですね。
この頃になりますと子供さんはまるでパズルのゲームをやっているようで 書いて読んでいくのが本当に楽しくなるようです。

私共の学校では、フォニックスが書けた生徒が、それをきちんと読めるかどうか、一人一人発音チェックをしながら読ませて確認をしていくのですが、皆上手に読めた時は得意満面な笑顔でガッツポーズをしています。
知らない単語が読めるということは、本当にうれしいことなんですね。

フォニックスのルール その4 2文字母音 ①
ー母音が2つ並ぶと前の母音がアルファベット読みになるー

フォニックスのルール その2 では、末尾の e は読まずに、前の母音がアルファベットの読み方に変わるという『サイレント e 』を学びましたが、ここでは母音が2つ並ぶと後ろの母音は読まずに、前の母音だけアルファベット読みになるというルールを学びます。

それでは 「rain」 という単語を例にとってご説明しましょう。

| エイ | × |

r a i n　　──→　　r a i n ＝レイン（雨）

└→ 母音が2つ並んでいます。

| ゥル | エイ | × | ヌ |

母音が ai と並んでいますが、後ろの i は読まないので、i の上に ×（バツ）を書きます。
前の母音はフォニックスの読み方では「ア↘」でしたがアルファベット読みに変わるので、「エイ」と書きます。 r ＝ゥル n ＝ ヌ なのでそれぞれフォニックスを書きますと、ゥルエイ×ヌとなり音をつなげると、レイン（雨）になります。

もうひとつ 「May」 という単語を例にとってご説明します。

May　　──→　　M a y ＝メイ（5月）

└→ y は母音と同じ働きをします。

| ム | エイ | × |

末尾の y また w は母音と同じ働きをします。 ですから y は読まないので、y の上に ×（バツ）を書きます。 前の母音がアルファベット読みに変わるので「エイ」と書きます。 M ＝ムなのでフォニックスを書きますと、ムエイ×となり音をつなげると、メイ（5月）となります。

ひとつひとつのルールを習得するたびに、読める単語が多くなっていきます。
この母音のルールも知っておくと本当に便利です。

フォニックスのルール その5 2文字母音 ②
ー2つの母音で新しい音を作るー

フォニックスのルール その3 では、2つの子音で新しい音を作るというものを学びましたが、ルール その5 では、2つの母音で別の音、新しい音を作るルールを勉強していきます。

それでは 「 bŏok 」と「 spōon 」という単語を例にとってご説明しましょう。

ウッ		ブ	ウッ	ク			ウー		ス	プ	ウー	ヌ	
bŏok → b ŏo k ＝本							spōon → s p ōo n ＝スプーン						

ひとつひとつの音は O＝オですが「oo」と「o」が2つ並ぶと「ウー」あるいは「ウッ」と発音します。
今、区別するために「ウー」の場合は「ōō」で、「ウッ」の場合は「ŏŏ」と表記します。

この2つの母音で新しい音を作るものについても 前回の2つの子音同様

　　　オウオウ　　　ウッ　ウッ
「 oo says ŏo,ŏo book . 」

　　　オウオウ　　　ウー　ウー
「 oo says ōo,ōo spoon . 」と発音練習しながら覚えていきます。

前回 2つの母音が並んだ場合は 前の音が アルファベット読みに変わるというルールを学んだので、新たに全く違う音もあるのか〜と混乱してしまう子供さんも時々いらっしゃるのですが私共の学校ではルール その4 から上級クラスになります。小学校では4年生以上になりますがこのあたりの規則もきちんと理解できるようになりますと後で本当に楽になります。またこの頃になりますと、単語だけでなく少し長い英文も少しずつ読めるようになっていきます。

フォニックスのルール　その6　r のついた母音

母音に r がつくと全く違う音になってしまいます。日本人が一番苦手とする音が、この r を含む母音の発音かもしれません。

逆にこの音がきちんと出せるようになれば、 英語らしい発音に近づけるということで、 ぜひこの音も書きながらしっかり覚えていきましょう。

それでは 「 card 」 という単語を例にとってご説明しましょう。

フォニックスでは a ＝ ア↘, r ＝ｩルという音ですが「 ar 」と a と r が ついた場合は舌を丸めて「ア〜」と発音します。"うめきの母音"などと言われるように母音が r の影響を受けて、 ややくぐもった音になります。

舌をどこにもつけないで発音するのは、 r だけ発音した場合と同じです。

c ＝ク, d ＝ドという音なので、 続けて読むとクア〜ド＝カードとなります。

「アー」と書くのではなく「ア〜」と書いてほしいのは少しでも「 母音＋ r 」の音に近づけさせたいからです。表記するには難しい音ですが、何回も練習することによって確実に上達していきます。

また一度この「 母音＋ r 」の音が上手に出せるようになると、英語の発音に自信が持てるようになり、 上達が早くなるのも事実です。楽しく練習をしながら "え⁉ ネイティブが発音したの？" と思われるくらいにぜひなりたいものですね。

その他のルール

本書ではこのように重要なルールを 6 つ取り上げていますが、 最後にその他のルールとしてここに載らなかったものを、 いくつか紹介していきます。

その代表的なものが、 音なしの「 k 」など "読まない音があるもの" などです。

それでは 「 knife 」 という単語を例にとってご説明しましょう。

knife → knife → knife e →ヌアイフ＝ナイフ

k のあとに n が続く場合、「 k 」は読まないというルールがあります。 ですから k の上に ×を書きます。 後ろに『サイレント e 』がありますから e の上に × をつけ、前の母音がアルファベット読みになりますから、 i の上に「アイ」と書きます。

n ＝ヌ, f ＝フですから、×ヌアイフ×となり続けて読むと、ナイフになります。

単語がすらすら読めるのが嬉しいですね。

英語初心者も基礎から学べます

また本書では最初にアルファベットの正しい読み方を Warming up! として取りあげています。 これは後で『サイレント e 』などで母音がアルファベット読みになる段階で、たとえば「 a 」を「エイ」ではなく「エー」と読んだり「 o 」を「オウ」でなく「オー」と読まれては困るので、敢えてアルファベットの読み方にも、 フリガナをつけさせていただきました。

アルファベットには、アルファベット読み（名前）と、フォニックス読み（音）があるということを、しっかり理解していただくということが、まず一番大切なことだからです。

このように本書は始めて英語を学ぶ子供さんでもわかりやすく、 また英語関係者でない方が読んでも理解しやすいように、 基礎から学べるようにできています。ただ一つ残念なことはフォニックスで全ての単語を読むことはできません。 例外もあります。 それでも約 8 割の単語は、フォニックスを使って読むことができるので、 やはり知っているととても便利です。

そして例外についても、例外ということで逆に印象づけられ、単語を覚えてしまう子供さんが多いのでそれ程心配することはありません。最初にフォニックスの規則をしっかり身につけてしまえば、おもしろいように単語が読めるので、まさにフォニックスは鬼に金棒、英語が楽しく学べる必須アイテムです。

Warming up!

アルファベットの正しい
読み方を覚える

The alphabet

 はじめまして

 1. アルファベットの大文字を読みましょう。

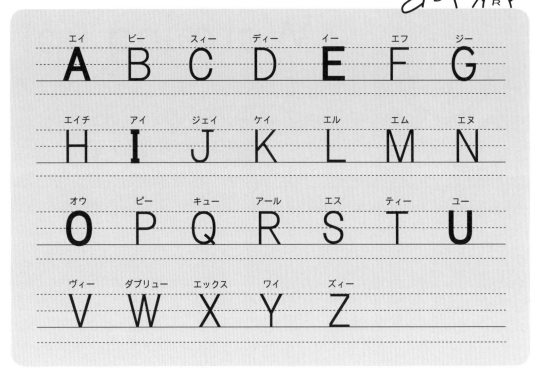

 2. アルファベットは全部で何文字ありますか？　（　　　　）文字

 3. その中で5文字が母音です。（それ以外の文字は子音です。）
母音の名前を書きましょう。　そして、読んでみましょう。

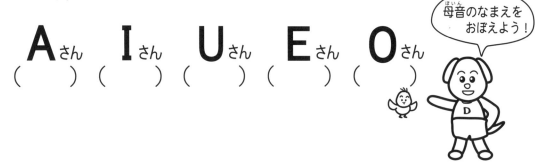

答え　答えの2ページ上

4. アルファベットの<ruby>大文字<rt>おおもじ</rt></ruby>を<ruby>言<rt>い</rt></ruby>いながら<ruby>隣<rt>となり</rt></ruby>に<ruby>書<rt>か</rt></ruby>きましょう。

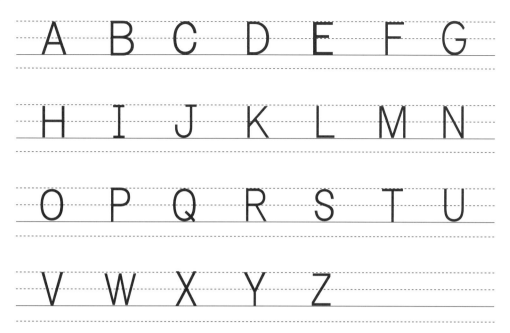

A B C D E F G

H I J K L M N

O P Q R S T U

V W X Y Z

5. アルファベットの<ruby>子音<rt>しいん</rt></ruby>の<ruby>名前<rt>なまえ</rt></ruby>を<ruby>書<rt>か</rt></ruby>きましょう。

エイ　（　）（　）（　）　イー　（　）（　）
Aさん Bさん Cさん Dさん Eさん Fさん Gさん

（　）　アイ　（　）（　）（　）（　）（　）
Hさん Iさん Jさん Kさん Lさん Mさん Nさん

オウ　（　）（　）（　）（　）（　）　ユー
Oさん Pさん Qさん Rさん Sさん Tさん Uさん

（　）（　）（　）（　）（　）
Vさん Wさん Xさん Yさん Zさん

Let's try!

答え　答えの2ページ上

1. AからZまで線で結びましょう。

2. AからZまで線で結びましょう。

答え 答えの3ページ上

1. <ruby>母音<rt>ぼいん</rt></ruby>を<ruby>赤色<rt>あかいろ</rt></ruby>でぬりましょう。

答え　答えの３ページ上

The alphabet

 1. アルファベットの小文字を読みましょう。

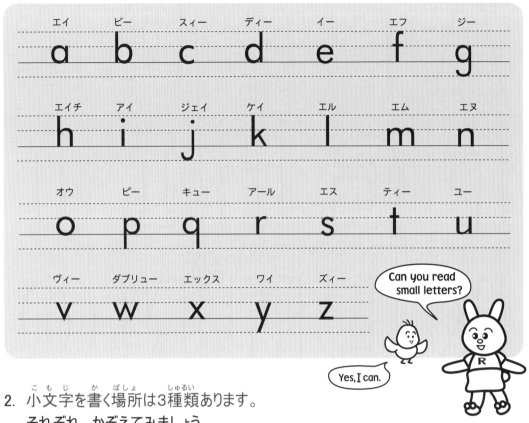

Can you read small letters?

Yes, I can.

 2. 小文字を書く場所は3種類あります。
それぞれ、かぞえてみましょう。

a c e m n o r s u v w x z

① 真中だけ使うのは（　　　）文字

b d f h i k l t

②2段使うのは（　　　）文字

g j p q y

③下へ行くのは（　　　）文字　　全部で 26 文字あります。

答え　答えの 4 ページ上

1. アルファベットの小文字を言いながら、隣に書きましょう。

小文字は
書く場所に
気をつけてね。

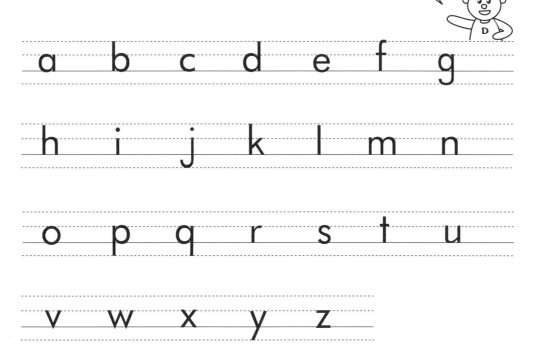

a　b　c　d　e　f　g

h　i　j　k　l　m　n

o　p　q　r　s　t　u

v　w　x　y　z

 2. アルファベットの名前を書きましょう。

（　　）（　　）（　　）（　　）（　　）（　　）（　　）

aさん　bさん　cさん　dさん　eさん　fさん　gさん

（　　）（　　）（　　）（　　）（　　）（　　）（　　）

hさん　iさん　jさん　kさん　lさん　mさん　nさん

（　　）（　　）（　　）（　　）（　　）（　　）（　　）

oさん　pさん　qさん　rさん　sさん　tさん　uさん

（　　）（　　）（　　）（　　）（　　）

vさん　wさん　xさん　yさん　zさん

答え 答えの4ページ上

1. **a** から **z** まで<ruby>線<rt>せん</rt></ruby>で<ruby>結<rt>むす</rt></ruby>びましょう。

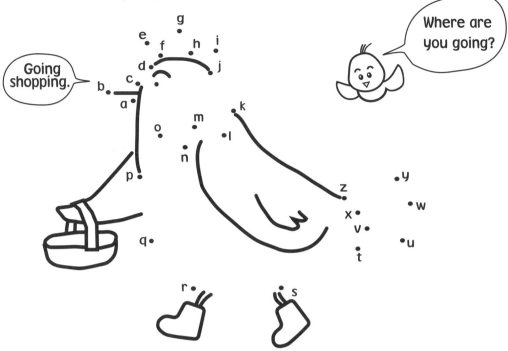

2. **a** から **z** まで<ruby>線<rt>せん</rt></ruby>で<ruby>結<rt>むす</rt></ruby>びましょう。

答え　答えの5ページ上

1. 大文字・小文字のペアーを書きましょう。

答え 答えの5ページ上

1. アルファベットの大文字を書きましょう。

2. アルファベットの小文字を書きましょう。

答え 答えの6ページ上

フォニックスのルール その1

アルファベット 26 文字には
音がある

「アルファベット読み」

〔名前〕

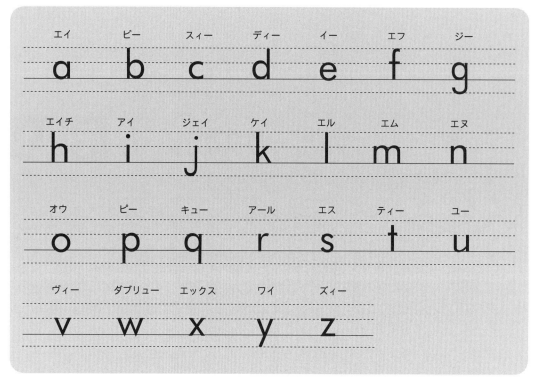

| エイ | ビー | スィー | ディー | イー | エフ | ジー |
| a | b | c | d | e | f | g |

| エイチ | アイ | ジェイ | ケイ | エル | エム | エヌ |
| h | i | j | k | l | m | n |

| オウ | ピー | キュー | アール | エス | ティー | ユー |
| o | p | q | r | s | t | u |

| ヴィー | ダブリュー | エックス | ワイ | ズィー |
| v | w | x | y | z |

☆アルファベットには「名前」と「音」があります。

上の表は、これまでみなさんが勉強してきたアルファベットですが、たとえば"b"は、"ビーさん"というように、アルファベットの読み方はアルファベットの名前だとお話してきました。

では、"b"さんの音は何でしょうか？
今度は右側の表を見てください。"b"の上に「ブ」と書いてありますね。
"b"さんの音は「ブ」ということになります。これがフォニックスの読み方です。

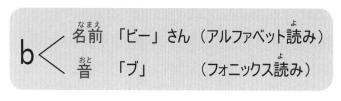

b〈 名前 「ビー」さん（アルファベット読み）
音 「ブ」 （フォニックス読み）

フォニックスは

B says 〔b, b〕 bag. と、発音しながら、ひとつひとつの音を覚えていきます。

-28-

「フォニックス読み」

〔音〕

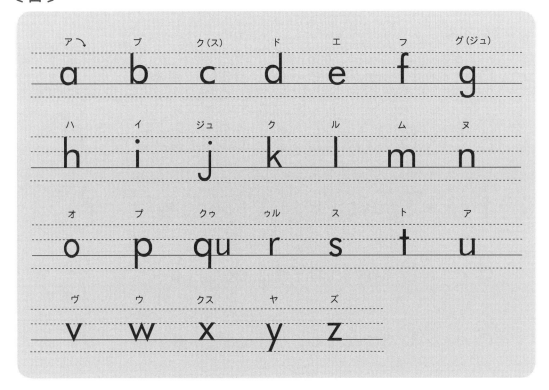

ア＼	ブ	ク(ス)	ド	エ	フ	グ(ジュ)
a	b	c	d	e	f	g

ハ	イ	ジュ	ク	ル	ム	ヌ
h	i	j	k	l	m	n

オ	プ	クゥ	ゥル	ス	ト	ア
o	p	qu	r	s	t	u

ヴ	ウ	クス	ヤ	ズ
v	w	x	y	z

 ☆上の表を見ながら、アルファベットの名前と音を書いていきましょう。

12

e〈 なまえ 「イーさん」
　　おと ☐

s〈 なまえ 「エスさん」
　　おと ☐

u〈 なまえ 「ユーさん」
　　おと ☐

i〈 なまえ ☐さん
　　おと ☐

a〈 なまえ ☐さん
　　おと 「ア＼」

o〈 なまえ ☐さん
　　おと ☐

r〈 なまえ 「アールさん」
　　おと ☐

n〈 なまえ 「エヌさん」
　　おと ☐

l〈 なまえ ☐さん
　　おと ☐

答え 答えの6ページ上

『フォニックス』発音練習

 ☆6つの子音

ピー
p・・・P says 〔p , p〕 pet.（無声音）

ビー
b・・・B says 〔b , b〕 bag.（有声音）

ティー
t・・・T says 〔t , t〕 tiger.（無）

ディー
d・・・D says 〔d , d〕 dog.（有）

スィー
c・・・C says 〔c , c〕 cat.（無）

ジー
g・・・G says 〔g , g〕 guitar.（有）

 ☆5つの母音

エイ
a・・・A says 〔a , a〕 apple.（有声音）

イー
e・・・E says 〔e , e〕 egg.（有）

アイ
i・・・I says 〔i , i〕 ink.（有）

オゥ
o・・・O says 〔o , o〕 octopus.（有）

ユー
u・・・U says 〔u , u〕 umbrella.（有）

☆その他の子音（たしいん）

エム
m ・・・ M says 〔m, m〕monkey.（鼻音 びおん）

エヌ
n ・・・ N says 〔n, n〕net.　（鼻音 びおん）

エフ
f ・・・ F says 〔f, f〕fish.　（無声音 むせいおん）

ヴィ
v ・・・ V says 〔v, v〕violin.（有声音 ゆうせいおん）

エス
s ・・・ S says 〔s, s〕　sun.（無 む）

ズィー
z ・・・ Z says 〔z, z〕zebra.（有 ゆう）

エル
l ・・・ L says 〔l, l〕lion.　（有 ゆう）

アール
r ・・・ R says 〔r, r〕rabbit.（有 ゆう）

ダブリュー
w ・・・ W says 〔w, w〕watch.（有 ゆう）

ワイ
y ・・・ Y says 〔y, y〕yo-yo.（有 ゆう）

ジェイ
j ・・・ J says 〔j, j〕juice.（有 ゆう）

エイチ
h ・・・ H says 〔h, h〕hat.（無 む）

k ・・・ K says 〔k , k〕 king. （無声音）

q ・・・ Q says 〔qu, qu〕 queen. （無 有）

x ・・・ X says 〔x , x〕 fox. （無）

c ・・・ C says 〔c , c〕 city. （無）

g ・・・ G says 〔g , g〕 giant. （有）

注意①
α〔æ〕は u〔ʌ〕と読み方を区別するため「アˎ」と表記していますが、
実際に書く場合は「ア」でかまいません。発音の違いに気をつけましょう。

注意②
C は普通の読み方「ク」とソフトC「ス」と2つの読み方があります。
「ク」と読む場合にはCの後ろに「α or o or u」が、「ス」と読む場合には
Cの後ろに「i or e」がきます。ソフトCとSは全く同じに発音します。

注意③
g は普通の読み方「グ」とソフト g「ジュ」と2つの読み方があります。
「グ」と読む場合には g の後ろに「α or o or u」が「ジュ」と読む場合には
g の後ろに「i or e」がきます。 ソフトg と j は全く同じに発音します。

注意④
q は常に u と一緒に発音し qu となります。

☆フォニックスの発音練習の仕方

アルファベット 26 文字には、それぞれの「音」（フォニックスの読み方）があるということがわかりましたね。

この発音練習のプリントは、フォニックスをきちんと覚えるための暗記用シートです。

問題を解く前に、かならずこのページを開いて "p から ソフト g まで" すらすら言えるように練習してみましょう。

そしてたとえば　p は・・と聞かれたら　p says〔プ，プ〕pet. と言えるようにしましょう。

慣れてきたら "p" は「プ」とすぐに出てくるようになるでしょう。

アルファベットの 26 文字は、下記のように日本人が発音しやすい音から取り上げ、大きく 3 つに分けました。

① 6つの子音	p , b , t , d , c , g
② 5つの短母音	a , e , i , o , u
③ その他の子音	m , n , f , v , s , z , l , r , w , y , j , h , k , q , x , ソフトc , ソフトg

それぞれの音の発音については、CDの中に発音の仕方の説明、実際の発音が入っていますので、真似をしながらくり返し何度も練習してみてください。

その際、声をきちんと出すということを心がけてください。もちろん無声音は声は出さず息だけの音になりますが、その時もしっかり息をふきかけるつもりで、発音してみましょう。

小さい声でささやいていては、発音も上手になりませんし、リスニングも伸びていきません。

英語が上手になるコツは、恥ずかしがらず "大きな声で元気よく発音する" ということに尽きます。がんばってくださいね！

P p プ

くちびるをとじて、勢（いきお）いよく息（いき）だけで

P says 〔 p , p 〕 pet.

6

 1. はじめが p の音（おと）には〇、p 以外（いがい）の音（おと）には × を（　）の中（なか）に書（か）きましょう。

1.

（　　）

2.

（　　）

3.

（　　）

4.

（　　）

5.

（　　）

6.

（　　）

B b ブ

くちびるをとじて、勢（いきお）いよく声（こえ）をだして

B says 〔 b , b 〕 bag.

6

 2. はじめが b の音（おと）には〇、b 以外（いがい）の音（おと）には × を（　）の中（なか）に書（か）きましょう。

1.

（　　）

2.

（　　）

3.

（　　）

4.

（　　）

5.

（　　）

6.

（　　）

答え　答えの本ページ上

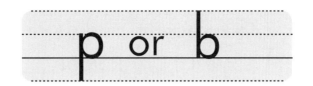 p or b

8

 3. はじめの音を聞いて、p か b を書きましょう。

1.

2.

3.

4.

5.

6.

7.

8.

答え　答えの7ページ上

T t ト

舌先を上はぐきにつけて、勢いよく息だけで
T says 〔 t , t 〕 tiger.

6

1. はじめが t の音には〇、t 以外の音には × を（　）の中に書きましょう。

1.
（　　）

2.
（　　）

3.
（　　）

4.
（　　）

5.
（　　）

6.
（　　）

D d ド

舌先を上はぐきにつけて、勢いよく声をだして
D says 〔 d , d 〕 dog.

6

2. はじめが d の音には〇、d 以外の音には × を（　）の中に書きましょう。

1.
（　　）

2.
（　　）

3.
（　　）

4.
（　　）

5.
（　　）

6.
（　　）

答え 答えの 8 ページ上

t or d

 3. はじめの音を聞いて、t か d を書きましょう。

1.

2.

Hello!

3.

4.

5.

6.

7.

8.

答え 答えの8ページ上

C c ク <ruby>口<rt>くち</rt></ruby>のおくで<ruby>息<rt>いき</rt></ruby>だけで
C says〔c , c〕cat.

6

1. はじめが C の<ruby>音<rt>おと</rt></ruby>には〇、C <ruby>以外<rt>いがい</rt></ruby>の<ruby>音<rt>おと</rt></ruby>には × を（　）の<ruby>中<rt>なか</rt></ruby>に<ruby>書<rt>か</rt></ruby>きましょう。

1.

（　）

2.

（　）

3.

（　）

4.

（　）

5.

（　）

6.
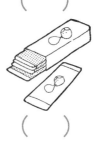
（　）

G g グ <ruby>口<rt>くち</rt></ruby>のおくで<ruby>勢<rt>いきお</rt></ruby>いよく<ruby>声<rt>こえ</rt></ruby>を<ruby>出<rt>だ</rt></ruby>して
G says〔g , g〕guitar.

6

2. はじめが g の<ruby>音<rt>おと</rt></ruby>には〇、g <ruby>以外<rt>いがい</rt></ruby>の<ruby>音<rt>おと</rt></ruby>には × を（　）の<ruby>中<rt>なか</rt></ruby>に<ruby>書<rt>か</rt></ruby>きましょう。

1.

（　）

2.

（　）

3.

（　）

4.

（　）

5.

（　）

6.

（　）

答え　答えの９ページ上

c or g

 3. はじめの音を聞いて、c か g を書きましょう。

1.

2.

3.

4.

5.

6.

7.

8.

答え 答えの9ページ上

Dictionary

p peach 桃

pen ペン

pencil えんぴつ

penguin ペンギン

pet ペット

piano ピアノ

pig ぶた

pineapple パイナップル

pipe パイプ

t table テーブル

tambourine タンバリン

tea 紅茶

telephone 電話

ten 10

tiger トラ

tomato トマト

top こま

TV テレビ

c cake ケーキ

camera カメラ

can カン

cap 野球帽

car 車

cat ねこ

cow 牛

cup カップ

cut 切る

b bag カバン

banana バナナ

bat バット

bath お風呂

bear くま

bed ベッド

box 箱

bus バス

d desk 机

dig ほる

dish 皿

dog 犬

doll 人形

dolphin イルカ

door ドア

dot 点

duck あひる

g game ゲーム

gate 門

girl 女の子

goat やぎ

golf ゴルフ

gorilla ゴリラ

guitar ギター

gum ガム

A a アヽ

口を横に開いて口元をさげて
<small>くち よこ ひら くちもと</small>

A says 〔a , a〕 apple.

/ 6

1. まん<small>なか</small>中が a の<small>おと</small>音には〇、a <small>いがい</small>以外の<small>おと</small>音には × を（　）の<small>なか</small>中に<small>か</small>書きましょう。

1.

（　）

2.

（　）

3.

（　）

4.

（　）

5.

（　）

6.

（　）

E e エ

口を横に開いて笑顔で
<small>くち よこ ひら えがお</small>

E says 〔e , e〕 egg.

/ 6

2. まん<small>なか</small>中が e の<small>おと</small>音には〇、e <small>いがい</small>以外の<small>おと</small>音には × を（　）の<small>なか</small>中に<small>か</small>書きましょう。

1.

（　）

2.

（　）

3.

（　）

4.

（　）

5.

（　）

6.

（　）

答え 答えの 10 ページ上

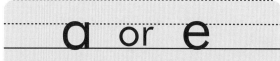
 8

3. まん中の<ruby>音<rt>おと</rt></ruby>を<ruby>聞<rt>き</rt></ruby>いて、a か e を<ruby>書<rt>か</rt></ruby>きましょう。

1.

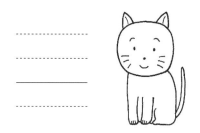

2.

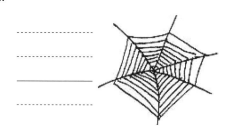

3.

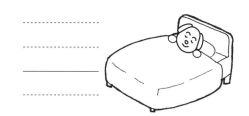

4.

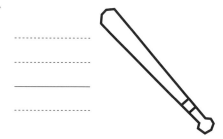

5.

6.

7.

8.

答え 答えの10ページ上

I i イ 口を思いっきり横に開いて
I says 〔i , i〕ink.

 1. まん中の音が i の音には○、i 以外の音には × を（　）の中に書きましょう。

1.
（　）

2.
（　）

3.
（　）

4.
（　）

5.
（　）

6.
（　）

O o オ 口を大きくたてに開いて、おなかから
O says 〔o , o〕octopus.

 2. まん中の音が o の音には○、o 以外の音には × を（　）の中に書きましょう。

1.
（　）

2.
（　）

3.
（　）

4.
（　）

5.
（　）

6.
（　）

答え 答えの 11 ページ上

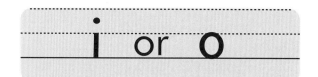

 3. まん中の音を聞いて、i か o を書きましょう。

1.

2.

6

3.

4.

5.

6.

7.

8.

答え 答えの 11 ページ上

U u ア

<ruby>びっくりして</ruby>
U says 〔u , u〕 umbrella.

6

1. まん中の音が u の音には〇、u 以外の音には × を（　）の中に書きましょう。

1.

（　）

2.
·
（　）

3.

（　）

4.

（　）

5.

（　）

6.

（　）

ア↘　エ　イ　オ　ア

a e i o u

6

2. はじめの音を書きましょう。

1.

2.
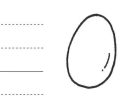

3.

4.

5.

6.

Wow Big!

答え 答えの 12 ページ上

1. アルファベットの音（おと）（フォニックス）を書（か）きましょう。

11

① P p =（　　）

② B b =（　　）

③ T t =（　　）

④ D d =（　　）

⑤ C c =（　　）

⑥ G g =（　　）

⑦ A a =（　　）

⑧ E e =（　　）

⑨ I i =（　　）

⑩ O o =（　　）

⑪ U u =（　　）

答え 答えの12ページ上

－46－

2. □の中にフォニックスを書きましょう。 そして読んでみましょう。

5

① □ □ □
b + a + g = bag

② □ □ □
p + i + g = pig

③ □ □ □
c + u + p = cup

④ □ □ □
t + o + p = top

⑤ □ □ □
b + e + d = bed

Can you read?

Let's try!

答え 答えの13ページ上

Dictionary

a **apple** りんご

ant アリ

bag カバン

bat バット

bath お風呂_{ふ ろ}

cap 野球帽_{やきゅうぼう}

cat ねこ

hat 帽子_{ぼう し}

map 地図_{ち ず}

pan フライパン

i **ink** インク

bib よだれかけ

big 大きい_{おお}

dish お皿_{さら}

hit 打つ_う

pig ぶた

pin ピン

six 6

u **umbrella** かさ

bug 虫_{むし}

bus バス

cup カップ

run 走る_{はし}

sun 太陽_{たいよう}

e **egg** たまご

bed ベッド

hen めんどり

leg 足_{あし}

net あみ

pen ペン

web くもの巣_す

o **octopus** たこ

box 箱_{はこ}

dot 点_{てん}

fox きつね

hot 暑い_{あつ}

hop 片足で跳ぶ_{かたあし と}

mop モップ

pot なべ

top こま

Let's say with phonics!

M m ム

くちびるをとじて、鼻（はな）にひびかせて

M says [m , m] monkey.

N n ヌ

舌（した）を上（うえ）の前歯（まえば）のうらにつけて、鼻（はな）にひびかせて

N says [n , n] net.

1. はじめの音（おと）を聞（き）いて、m か n を書（か）きましょう。

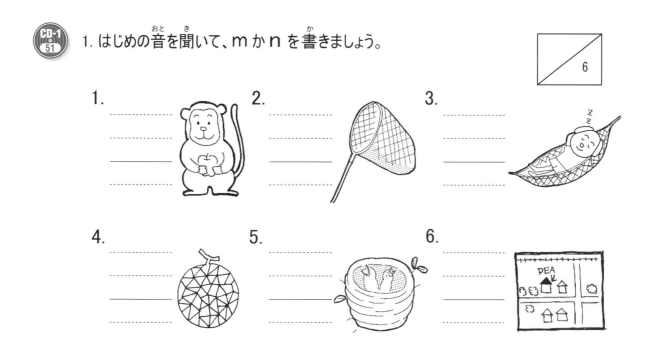

2. 単語（たんご）の上（うえ）にフォニックスを書（か）いて、（ ）の中（なか）に絵（え）の番号（ばんごう）を書（か）きましょう。

① m a p ( )　② n a p ( )　③ n e t ( )

④ m e l o n ( )　⑤ n e s t ( )

答え 答えの13ページ上

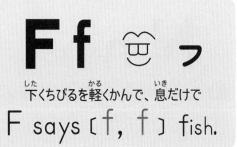

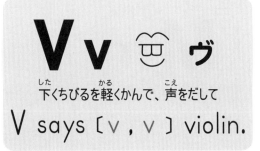

 1. はじめの音を聞いて、f か v を書きましょう。

6

1.

2.

3.

4.

5.

6.

2. 単語の上にフォニックスを書いて、( )の中に絵の番号を書きましょう。

5

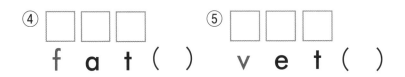

① □□□
f a n ( )

② □□ス□
v e s t ( )

③ □□クス
f o x ( )

④ □□□
f a t ( )

⑤ □□□
v e t ( )

答え 答えの14ページ上

S s ス
歯と歯を軽く合わせて、息だけで
S says 〔s , s〕 sun.

Z z ズ
歯と歯を軽く合わせて、声を出して
Z says 〔z , z〕 zebra.

1. はじめの音を聞いて、s か z を書きましょう。

6

1.

2.

3.

4.

5.

6.

2. 単語の上にフォニックスを書いて、（ ）の中に絵の番号を書きましょう。

5

① □□□
s i t （ ）

② □□□□□□
z i g - z a g （ ）

③ □イー□□□
z e b r a （ ）

④ □ウー
z o o （ ）

⑤ □□ク
s o c k （ ）

答え 答えの 14 ページ上

m n f v s z

ム ヌ フ ヴ ス ズ

はじめの音を聞いて、その文字を上から選び書きましょう。

| | 10 |

1. _____

2. _____

3. _____

4. _____

5. _____

6. _____

7. _____

8. _____

9. _____

10. _____

Hello!

Let's try!

答え 答えの15ページ上

☆書きとりをしましょう。また単語の上にフォニックスも書きましょう。

①

1.　ウル　2.

M□□□□r has a□□□.
（桃太郎）　　　　（木の実）

②

We □□□ in a □□□.
3.　　　　　　4.
（座る）　　（運ぱん車）

③

5.　　6.　　　　7.　ウー
A□□□□□□ is in the□oo.
（太った）　（キツネ）　　　（動物園）

答え 答えの15ページ上

-53-

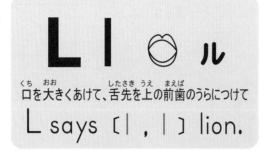

口を大きくあけて、舌先を上の前歯のうらにつけて
L says [l , l] lion.

くちびるをつき出し、「ウ」というつもりで
R says [r , r] rabbit.

1. はじめの音を聞いて、l か r を書きましょう。

6

1.

2.

3.

4.

5.

6.

2. 単語の上にフォニックスを書いて、( )の中に絵の番号を書きましょう。

5

① ☐☐☐ ② ☐☐☐ ③ ☐☐☐

l i d ( )   r a t ( )   l o g ( )

④ ☐☐☐   ⑤ ☐☐☐☐☐

r e d ( )   l e m o n ( )

答え 答えの 16 ページ上

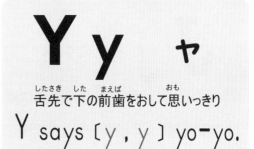

くちびるをつき出し、思いっきり声を出して
W says [w, w] watch.

舌先で下の前歯をおして思いっきり
Y says [y, y] yo-yo.

1. はじめの音を聞いて、w か y を 書きましょう。

6

1. _____
2. _____
3. _____

4. _____
5. _____
6. _____

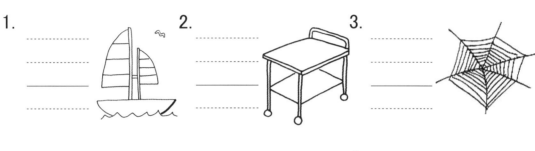

2. 単語の上にフォニックスを書いて、( )の中に絵の番号を書きましょう。

5

① ☐ ☐ ☐
y e n ( )

② ☐ ☐ ☐
w i g ( )

③ ☐ ☐ ☐
w e b ( )

④ ☐ ☐ ☐ ☐ ☐
w a g o n ( )

⑤ ☐ ☐ ☐ ☐
y o - y o ( )

答え 答えの 16 ページ上

口を丸めて、舌先を前歯の裏側近くにおいて
J says 〔j , j〕 juice.

口を大きく開きおなかからいっきに息だけで
H says 〔h , h〕 hat.

1. はじめの音を聞いて、j か h を書きましょう。

1.

2.

3.

4.

5.

6.

2. 単語の上にフォニックスを書いて、（ ）の中に絵の番号を書きましょう。

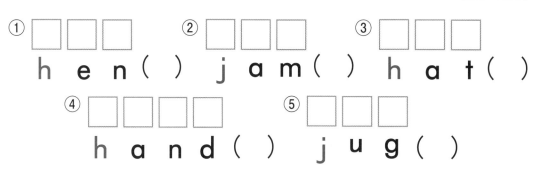

① h e n ( )　② j a m ( )　③ h a t ( )

④ h a n d ( )　⑤ j u g ( )

答え 答えの17ページ上

☆書きとりをしましょう。また単語の上にフォニックスも書きましょう。

6

①

My [　][　] is [　][　].

1. （帽子）　2.（ぬれている）

②

I [　][　][　] in the [　]ar[ア~][　].

3.（走る）　4.（庭）

③

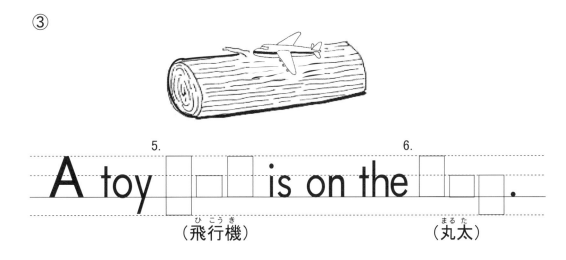

A toy [　][　] is on the [　][　].

5.（飛行機）　6.（丸太）

答え　答えの17ページ上

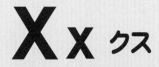

K k ク
口のおくから、息だけで
（ c と同じ音）
K says [k , k] king.

Qu qu クゥ
くちびるをつき出だして
Q says [qu, qu] queen.

X x クス
笑うように、息だけで
X says [x , x] fox.

1. はじめの音を聞いて、k か q か x を書きましょう。
（ x はさいごの音になります ）

6

1.

2.

3.

4. What?

5.

6.

2. 単語の上にフォニックスを書いて、（ ）の中に絵の番号を書きましょう。

5

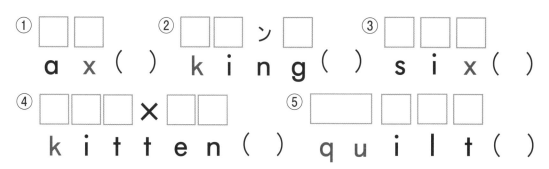

① □□　　a x （ ）

② □□ン□　　k i n g （ ）

③ □□□　　s i x （ ）

④ □□□×□□　　k i t t e n （ ）

⑤ □□□□　　q u i l t （ ）

答え 答えの18ページ上

ソフト

C c ス
sと同じ

C says 〔c , c 〕 city.

ソフト

G g ジュ
jと同じ

G says 〔g , g 〕 giant.

 1. はじめの音を聞いて、c か g を書きましょう。

6

1.

2.

3.

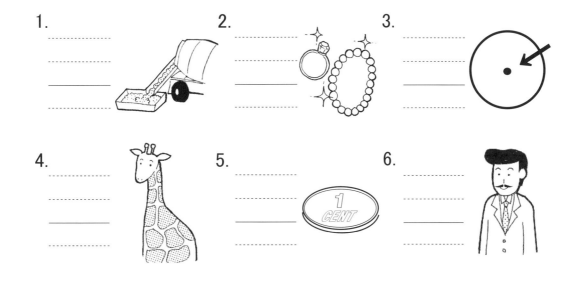

4.

5.

6.

 2. 単語の上にフォニックスを書いて、（　）の中に絵の番号を書きましょう。

5

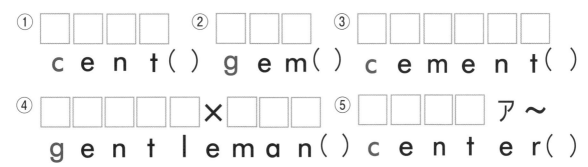

① □□□□　② □□□　③ □□□□□□
c e n t (　) g e m (　) c e m e n t (　)

④ □□□□□□ × □□□　⑤ □□□□ ア〜
g e n t l e m a n (　) c e n t e r (　)

答え 答えの18ページ上

アブクドエフグハイジュクルムヌ
a b c d e f g h i j k l m n

 1. はじめの音を小文字で書きましょう。

答え 答えの 19 ページ上

28

④

⑤
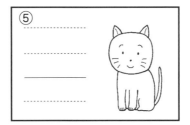

⑥
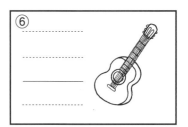

⑨
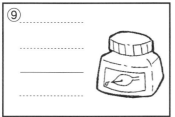

⑩

Let's Write!

⑭
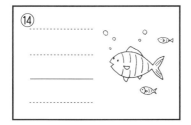

⑮
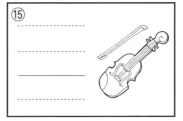

⑯

⑳
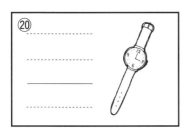

㉑
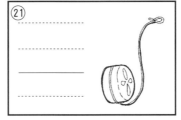

㉒

㉖
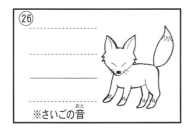
※さいごの音

㉗
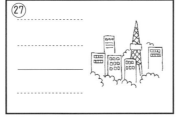

㉘
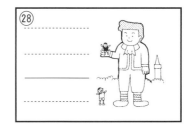

答え 答えの19ページ上

Dictionary

M man　男の人
map　地図
melon　メロン
Momotaro　桃太郎
monkey　さる
mop　モップ

N nap　ひるね
nest　巣
net　ネット
notebook　ノート
nurse　看護士
nut　木の実

F fan　せんぷう機
fat　太った
fig　いちじく
fish　魚
fork　フォーク
fox　きつね

V van　運ぱん車
vest　ベスト
vet　じゅう医
violin　バイオリン
volleyball　バレーボール

S salad　サラダ
sit　すわる
six　6
soap　石けん
sock　くつ下
sun　太陽

Z zebra　しまうま
zig-zag　ジグザグ
zipper　ファスナー
zoo　動物園

L lemon　レモン
lid　ふた
lion　ライオン
log　丸太

R rabbit　うさぎ
rat　ねずみ
red　赤（い）
ruler　ものさし
run　走る

W wagon　ワゴン
watch　時計
web　くもの巣
wet　ぬれた
wig　かつら

Y yacht　ヨット
yard　庭
yen　円
yo-yo　ヨーヨー

J jam　ジャム
jet　ジェット機
juice　ジュース
jug　水さし

H hand　手
hat　帽子
hen　めんどり

K king　王さま
kitten　子ねこ

Q queen　女王
question　質問
quilt　キルト

X ax　おの
fox　きつね
six　6

ソフトC
cement　セメント
cent　セント
center　中央
city　市・都市

ソフトG
gem　宝石
gentleman　紳士
giant　巨人
giraffe　きりん

フォニックスのルール　その2

サイレント e

―― 末尾の e は読まずに
前の母音がアルファベット読みになる ――

☆フォニックスのルール その2 サイレントe

『サイレントe』とは、単語の終わりが1つの母音＋子音＋eのとき、末尾のeは読まずに、前の母音がアルファベットの読み方に変わるというルールです。

それでは、"cake" という単語を例にとってご説明しましょう。

スゴイ！

サイレントeは「マジックe」とも呼ばれているの。魔法みたいだものね。

※末尾のeは読まないので、eの上に×を書きます。

　そして前にある母音が、アルファベットの読み方に変わるので、フォニックスではaは「ア⤵」でしたが、「エイ」に変わります。

ク	エイ	ク	×

c **a** k e　＝　クエイク　→　ケイク

※cとkは、フォニックスの読み方通りなので、そのまま c＝ク. k＝ク です。

　クエイク×→音をつなげると、ケイクとなり、ケーキになるわけです。

We love cake!!

☆うしろに e がつくと違う単語に変身しますよ！

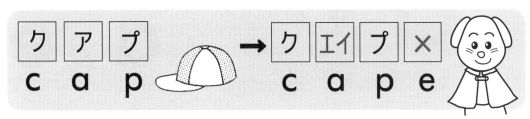

1. 他の母音についても、末尾に e がつくと、前の母音がアルファベットの読み方に変わります。 □の中にフォニックスを書いてみましょう。

答え 答えの20ページ上

a エイ

後ろに e がつくとアルファベット読みに変わる

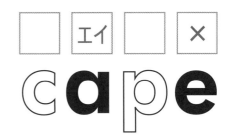

| | エイ | | × |

cape

1. 単語の上にフォニックスを書きましょう。
　また絵にあう単語を書きましょう。

| | / 6 |

1.

c a p e

b a k e

2.

t a p e

n a m e

3.

v a s e

g a t e

4.

5.

6.

答え 答えの 20 ページ上

e イー

後ろに e がつくとアルファベット読みに変わる

eve

1. 単語の上にフォニックスを書きましょう。
   また絵にあう単語を書きましょう。

☐ ☐ ☐
e v e

1. My name is

☐ ☐ ☐ ☐
m e t e

☐ ☐ ☐
P e t e

3.

2.

ス ☐ ☐ ☐
th e m e

☐ ☐ ☐ ☐
S t e v e

4.

Christmas

5.

答え 答えの21ページ上

-67-

i アイ

後ろに e がつくとアルファベット読みに変わる

1. 単語の上にフォニックスを書きましょう。
また絵にあう単語を書きましょう。

1.

2.

3.

4.

5.

6.

O オウ

後ろに e がつくとアルファベット読みに変わる

1. 単語の上にフォニックスを書きましょう。
また絵にあう単語を書きましょう。

6

1. □ □ □ □
r o p e

j o k e

2. □ □ □ □
h o l e

□ □ ズ □
n o s e

3. □ □ □ □
p o l e

□ □ □ □
c o n e

4.

5.

6.

答え 答えの22ページ上

-69-

U ユー

後ろに e がつくとアルファベット読みに変わる

□ ユ □ ×

cute

1. 単語の上にフォニックスを書きましょう。
   また絵にあう単語を書きましょう。

◻／ 6

1. _____

□ □ □ □
c u t e

□ □ □ □
t u n e

□ □ □ □
J u n e

4. _____

□ □ □ □
h u g e
ズ

5. _____

2. _____

□ □ □ □
M u s e

3. _____

□ □ □ □
c u b e

6. _____

答え 答えの 22 ページ上

1. サイレント **e** のルールを使って、まん中の音を書きましょう。

1.

c＿ke

2.

t＿be

3.

d＿ve

4.

P＿se <small>ズ</small>

5.

c＿ge

6.

f＿ve

 2. サイレント **e** のルールを使って、正しい音の組み合わせを書きましょう。

1.

P＿t＿

2.

g＿m＿

3.

r＿s＿ <small>ズ</small>

4.

n＿n＿

5.

＿s＿ <small>ズ</small>

6.

r＿d＿

答え 答えの23ページ上

1.絵にあう単語を下から選び書きましょう。
また単語の上に、フォニックスも書きましょう。

 12

1.

_____

2.

_____

3.

_____

4.

_____

5. スキ!

_____

6.

_____

7.

_____

8.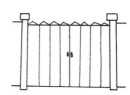

_____

9.

_____

10.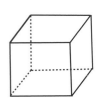

_____

11. 友だちとは…

_____

12.

_____

 この中から選んでね！

page , like , home , Steve , gate , wine
cube , theme , pine , huge , tune , bone

答え 答えの23ページ上

1. これから発音する単語を書いてみましょう。

12

1.	7.
2.	8. **5**
3.	9.
4.	10.
5.	11.
6.	12.

答え 答えの24ページ上

Dictionary

a-e
bake	焼く（や）
cage	鳥かご、おり（とり）
cake	ケーキ
cape	マント
game	ゲーム
gate	門（もん）
mate	仲間（なかま）
name	名前（なまえ）
page	ページ
tape	テープ
vase	花びん（か）

e-e
eve	クリスマスの前夜（ぜんや）
mete	割り当てる（わ あ）
theme	テーマ
Pete	ピート＝男の子の名前（おとこ こ なまえ）
Steve	スティーブ＝男の子の名前（おとこ こ なまえ）

i-e
bike	自転車（じてんしゃ）
dive	飛び込む（と こ）
five	5
kite	たこ
like	好き（す）
nine	9
pine	松の木（まつ き）
rice	ごはん
ride	乗る（の）
time	時間（じかん）
wine	ワイン

o-e
bone	骨（ほね）
cone	円すい体（えん たい）
hole	穴（あな）
home	家庭（かてい）
hope	希望（きぼう）
nose	鼻（はな）
note	メモする
pole	棒（ぼう）
rope	ロープ
rose	バラ
joke	冗談を言う（じょうだん）
pose	ポーズ

u-e
cube	立方体（りっぽうたい）
cute	かわいい
June	6月（がつ）
Muse	女神（めがみ）
tube	チューブ
tune	曲（きょく）
use	使う（つか）
huge	大きい（おお）

書いて覚える楽しいフォニックス

Phonics 2

このテキストの使い方

1. CDを聞きながら学習してください

　このテキストは、CDの音声を聞きながら、実際に英語の教室で勉強しているように、学習を進めることができます。全てのページに解説が入っていますので、その日勉強するページのトラック番号（ CD-1 2 のマーク）に合わせて、学習を進めてください。

　必要なところは、間を取ってありますが、時間が足りないときは、CDプレイヤーの一時停止ボタン（pause）を押しながら、無理のないように学習してください。

トラックの割り当て	テキスト	トラック番号	テキスト	トラック番号
	Phonics 1	CD1-1 ～ CD2-1	Phonics 2	CD2-2～CD2-86

2. アルファベットの正しい読み方、書き方を最初にマスターしましょう

　フォニックスを勉強する前に、アルファベットの正しい読み方、書き方がウォーミングアップとして最初に取り上げられています。アルファベットがまだよくわからない人は、CDを聞いて正しい発音ができるように、また書けるように付属のノートで練習しましょう。

3. フォニックスの発音練習が大切です
── アルファベット２６文字の音をしっかり覚えましょう

　CDの中でも説明されていますが、アルファベット２６文字の音をまずきちんと覚えることが大切です。問題を解く前に、必ず発音練習のページを開いて練習してから始めてください。また日常的にこのページを使用し、アルファベット２６文字の音が、いつもスラスラ言えるように心がけてください。

4. 一回に、１～２ページ、ゆっくり学習してください

　教室では、フォニックスの音や規則をきちんとマスターすることを心がけ、一週間に一度の授業で、１ページずつ進めています。一度にたくさん学習するより、フォニックスの発音練習を重要視しながら、確実に音を覚え、またきれいな発音で自分でも言えるようになることが大切だからです。始める年令にもよりますが、特に小さいお子さんは、あせらず、ゆっくり、継続して学習することを心がけてください。

5. 答え合わせを、きちんと行いましょう

　わかるような簡単な問題も、付属の「答え」のページで答え合わせをきちんと行いましょう。特にPhonics 1の47ページ以降フォニックスを単語の上に書いていきますので、正確に書けているかどうか、必ず確認してください。答えが書けたら四角の中（ /5 など）に、正解した数を書きましょう。全部あっていると本当に嬉しくなります。頑張りましょう。

6. フォニックスを書いて読むことができた単語は、ノートに練習しましょう

　答え合わせをした後、フォニックスを書いて読むことができた単語は、必ずこの本の中にある "dictionary" で意味も確認して、付属の練習ノートで練習しましょう。発音しながらノートに書くことによって、フォニックスがより頭に入り規則もきちんと理解できるようになります。最後にノートに練習して、個々のページの学習が終わるということになります。

7. 声を出して、しっかり発音することが大切です

　ＣＤの中で、発音練習するところがたくさん出てきますが、その際お腹から声をしっかり出して発音しましょう。"書いて覚えるフォニックス" ですが、声を出して練習しなければ発音は上手になりません。ＣＤの指示に従って声を出して発音することを心がけましょう。

8. お子さんの習熟度に合わせて学習しましょう

　お子さんの年令によって、また理解度によって、進み方も違うと思いますが、小学校低学年で始められた場合、*著者の教室では同じテキストを1年目、2年目と2冊購入して、2回繰り返して学習します。同じものを2回勉強することにより、子供たちはよく理解できるようになるので、本当に楽しそうに学習しています。ですから、塾などで使用する場合、理想的なのはテキストが終わりましたら、もう一冊購入して、同じテキストを子供たちにやらせるのが効果的です。またご家庭で、お子さんに与える場合は、そのお子さんの習熟度に合わせ、例えばあるルールが、理解できていないと感じたら、その場所のＣＤを繰り返して聞き、ノートなどに答えを書かせるのも良いと思います。繰り返して学習すればするほど、フォニックスの定着度が増し、その後の英語学習が本当に楽になります。

9. 楽しんで学習してください

　このテキストは、犬やウサギなどかわいいキャラクターの絵が、ぬりえができるようになっています。特に低学年のお子さんは、気分転換をしながらの学習が効果的ですので、自分だけのオリジナルテキストとして、好きな色を塗りながら楽しんで学習してください。

10. たくさん、褒めてあげてください

　フォニックスを書いて覚えていきますので、書くことが苦手なお子さんは、最初抵抗があるかもしれません。そんな時、お子さんが継続して学習できるのは、保護者の皆さま、また指導者のやさしい励ましの言葉とお褒めの言葉です。"よくがんばったね" "よくわかるようになったね" "すごいなー" など、たくさん、たくさん褒めてあげてください。褒められたお子さんは、最後まで学習し、きっと素晴らしく成長されるでしょう。

*著者の教室では、今回のテキストの内容が、初級、中級、上級と3冊に分かれ、子供の年令や習っている年数、理解度などによって異なります。詳しくお知りになりたい方は、次のフォニックス英会話アカデミーのホームページをご覧ください。

フォニックス英会話アカデミー　検索

Phonics 2　目次

フォニックスのルール その3

2 文字子音

―― 2つの子音で新しい音を作る ――

☆フォニックスのルール その3 2文字子音

今まで、アルファベット26文字のひとつひとつの音を勉強してきましたが、ルール その3 では、2つの子音で新しい音を作るものを覚えていきます。これを2文字子音と言います。

それでは「 ship 」という単語を例にとってご説明します。

s ＝ス　h ＝ハ という音でしたが「 sh 」と子音が2つ並んだ場合は、「シュ」と発音します。
i ＝イ　p ＝プという音でしたね。　それぞれ上に書きますとシュイプ＝シィップ（船）となります。

わかりやすいですね。

それではもうひとつ「 whale 」という単語を例にとってご説明します。

w ＝ウ　h ＝ハ という音でしたが「 wh 」と子音が2つ並んだ場合は、「ホ」と発音します。
末尾の " e " は「サイレント e 」のルールで発音しないので × を書きます。そして前の母音が
アルファベット読みに変わるので a の上に「エイ」と書きます。
l ＝ルという音でしたね。　音をつなげるとホエイル×（くじら）となります。

パズルのようでおもしろいですね。
こんなふうに書いて覚えていくので、読むことがだんだん楽しくなってきたと思います。

それでは2文字子音についても、発音練習をして、音をすらすら言えるようにしましょう。
アルファベット26文字の、ひとつひとつの音を覚えた時と同じように、「 sh 」は？
と聞かれたら「シュ」とすぐ言えるようになったら合格です。
問題を解く前に、かならず右記のページで、発音練習することを心がけてください。

『フォニックス』発音練習

☆2文字子音

スィーエイチ
ch・・・Ch says 〔ch , ch〕 chair.（無声音）

エスエイチ
sh・・・Sh says 〔sh , sh〕 ship.（無）

ダブリューエイチ
wh・・・Wh says 〔wh,wh〕 whale.（無）

ピーエイチ
ph・・・Ph says 〔ph , ph〕 phone.（無）

ティーエイチ
th・・・Th says 〔th , th〕 math.（無）　3+6=9

ティーエイチ
th・・・Th says 〔th , th〕 this.（有）

スィーケイ
ck・・・Ck says 〔ck,ck〕 duck.（無）

エヌジー
ng・・・Ng says 〔ng ,ng〕 king.（鼻音）

注意①
phの音は f の音と全く同じです。下唇を軽くかんで「フッ」と発音してください。
（「☺」のマークで表しています。）

注意②
th は無声音と有声音と2つの音があります。どちらも歯と歯の間に舌をはさんで発音してください。
（「☺」のマークで表しています。）紙面では無声音「ス」有声音「ズ」と単純な音ですが、実際には日本語にない複雑な音です。
繰り返し練習しましょう。

注意③
ckの音は c や k と同じ音です。「クッ」と勢いよく発音してください。

ch チュ
口をまるくすぼめて軽く
Ch says [ch, ch] chair.

sh シュ
口をまるくすぼめて、息をたくさんはいて
Sh says [sh, sh] ship.

1. 単語の上にフォニックスを書きましょう。
また絵にあう単語を書きましょう。

/	8

1.

ship

2.

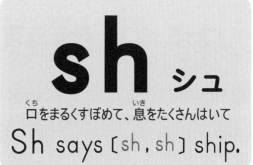

shine

3.

fish

4.

brush

5.

chest

6.

chime

7.

bench

8.

lunch

答え 答えの2ページ下

wh ホ
「ウ」というつもりで軽く
Wh says [wh,wh] whale.

ph フ
f と同じ音
Ph says [ph, ph] phone.

1. 単語の上にフォニックスを書きましょう。
   また絵にあう単語を書きましょう。

[／ 8]

1.

2.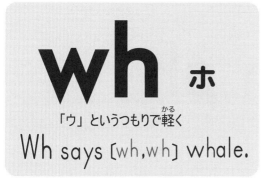

what

which

3.

white

4. **?**

whale

photo

5. A B C

6.
Ｐセズ
"プ" "プ"
pencil!

elephant

7. I'll buy ⑩ or

phonics

8.

alphabet

ch , sh , wh , ph

チュ　シュ　ホ　フ

1. 2 文字子音を上から選んで、書きましょう。
また単語の上に、フォニックスを書きましょう。

```
/
      9
```

1.　___ ___ op

2.　lun ___ ___

3.　___ ___ ip

4.　___ ___ in

5.　di ___ ___

6.　___ ___ one

7.　___ ___ ine

8.　___ ___ i ___ ___

9.　___ ___ onics

答え　答えの3ページ下

（無声音）

th 😕 ス

したをはさんで息だけで

Th says 〔th , th〕 math.

（有声音）

th 😕 ズ

したをはさんで声を出して

Th says 〔th , th〕 this.

1. 単語の上にフォニックスを書きましょう。
   また絵にあう単語を書きましょう。

/8

1.

thin

2.

thank

3.

this

4.

ありがとう

that

5.

$3+5=8$
$5-2=3$

bath

6.

math

7.

with
ア　ア〜

mother

8.

答え　答えの3ページ下

ck ク

Cゃkと同じ音

Ck says〔ck,ck〕duck.

ng ング (ヌ)

鼻にひびかせて

Ng says〔ng,ng〕king.

1. 単語の上にフォニックスを書きましょう。
また絵にあう単語を書きましょう。

/ 8

1.

2.

duck

neck

3.

king

wing

4.

5.

kick

pick

6.

7.

sing

hanger

8.

答え 答えの4ページ下

th , th , ck , ng
ス ．ズ ク ング

 1. 2文字子音を上から選んで、書きましょう。
また単語の上に、フォニックスを書きましょう。

9

1.

si＿＿

2.
si ＿＿
ba＿＿

3.
so＿＿

4.
＿＿i＿＿

5.

fa＿＿er

6.

ri＿＿

7.
wi＿＿

8.
3＋5＝8
5－2＝3
ma＿＿

9.

si＿＿

1. 発音練習をしながら、フォニックスを書いてみましょう。

8

① Ch says [ch , ch] chair. □ □

② Sh says [sh , sh] ship. □ □

③ Wh says [wh , wh] whale. □ □

④ Ph says [ph , ph] phone. □ □

⑤ Th says [th , th] math. 3+6=9 □ □

⑥ Th says [th , th] this. □ □

⑦ Ck says [ck , ck] duck. □ □

⑧ Ng says [ng , ng] king. □ □

Excellent！ よくできたね！

答え 答えの5ページ下

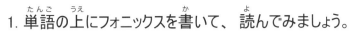

15

dish

wish

brush

sock

pick

rock

back

neck

chick

thick

sing

king

wing

ring

thing

答え 答えの5ページ下

1. 単語の上にフォニックスを書いて、読んでみましょう。

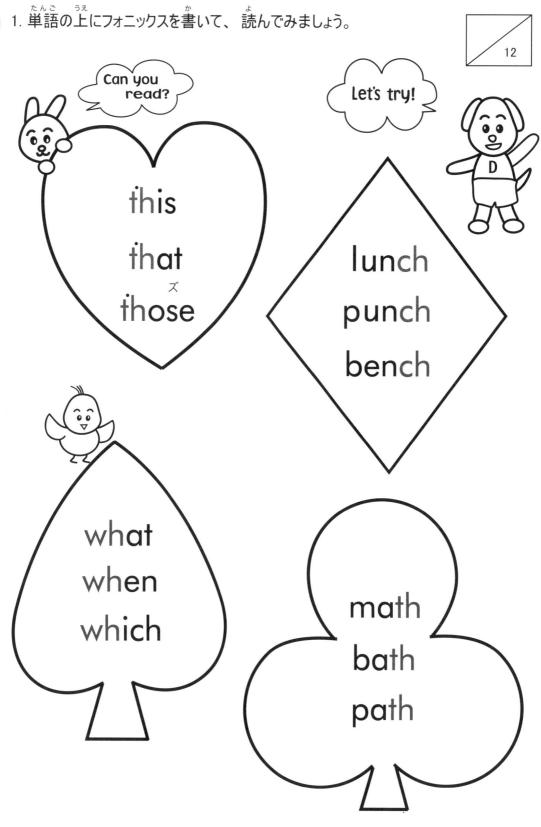

答え 答えの6ページ下

1. 書きとりをしましょう。

また単語の上に、フォニックスを書きましょう。

		10

1. ＿＿ ＿＿ ＿＿ ＿＿

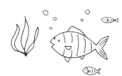

2. ＿＿ ＿＿ ＿＿ ＿＿

3. ＿＿ ＿＿ ＿＿ ＿＿

4. ＿＿ ＿＿ ＿＿

5. ＿＿ ＿＿ ＿＿ ＿＿

6. ＿＿ ＿＿ ＿＿ ＿＿ ＿＿ ＿＿

7. ＿＿ ＿＿ ＿＿

8. ＿＿ ＿＿ ＿＿ ＿＿ ＿＿

Ｐ セズ
ブ ブ
pencil!

9. ＿＿ ＿＿ ＿＿ ＿＿

10. ＿＿ ＿＿ ＿＿ ＿＿

答え　答えの6ページ下

Dictionary

sh
- brush　ブラシ
- dish　お皿（さら）
- fish　魚（さかな）
- shine　かがやく
- ship　船（ふね）
- shop　お店（みせ）
- wish　ねがう

ch
- bench　ベンチ
- chair　いす
- chest　たんす
- chick　ひよこ
- chime　チャイム
- chin　あご
- lunch　昼（ひる）ごはん
- punch　パンチ

ph
- alphabet　アルファベット
- elephant　象（ぞう）
- phone　電話（でんわ）
- phonics　フォニックス
- photo　写真（しゃしん）

wh
- whale　くじら
- what　何（なに）
- when　いつ
- which　どっち
- whip　ムチ
- white　白（しろ）（い）

th
- bath　お風呂（ふろ）
- math　算数（さんすう）

th
- path　小道（こみち）
- thank　感謝（かんしゃ）する
- thick　厚（あつ）い
- thin　うすい、やせた

th
- father　お父（とう）さん
- mother　お母（かあ）さん
- that　あれ、あの
- this　これ、この
- those　あれら
- with　いっしょに

ck
- back　背中（せなか）
- chick　ひよこ
- duck　あひる
- kick　ける
- neck　首（くび）
- pick　つみとる
- rock　岩（いわ）
- sick　病気（びょうき）
- sock　くつ下（した）
- thick　厚（あつ）い

ng
- hanger　ハンガー
- king　王様（おうさま）
- ring　指輪（ゆびわ）
- sing　歌（うた）う
- thing　物（もの）
- wing　翼（つばさ）、羽（はね）

フォニックスのルール その4

2 文字母音①

—— 母音が 2 つ並ぶと、
前の母音がアルファベット読みになる ——

☆フォニックスのルール　その4　2文字母音①

——母音が2つ並ぶと、前の母音がアルファベット読み

フォニックスの ルール　その2　では『サイレント e 』を学びました。

『サイレント e 』は、末尾の e は読まずに、前の母音がアルファベット読みになるものでしたね。

ここでは、母音が2つ並ぶと、後ろの母音は読まずに、前の母音だけアルファベット読みになるというルールを覚えましょう。これを2文字母音①と表記します。

それでは「 mail 」という単語を例にとってご説明します。

母音が ai と2つ並んでいますね。後ろの i は読まないので、i の上に × を書きます。

a はアルファベット読みですから a の上に「エイ」と書きます。m ＝ム l ＝ルなので、それぞれ書きますと、ムエイ×ルとなり音をつなげると、メイル（郵便）となります。

もうひとつ「 way 」という単語を例にとってご説明します。

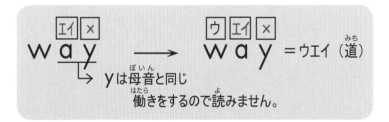

末尾の y また w は母音と同じ働きをします。ですから y は読まないので y の上に × を書きます。前の母音がアルファベット読みですから、a の上に「エイ」と書きます。

w ＝ウなので音をつなげるとウエイ（道）となります。

〔注意〕

※「 u 」の読み方について ——「 u 」は2つの読み方があります。

u は『サイレント e 』のルールでは「ユー」と読みましたが『2文字母音①』では「ウー」と読むものが多いです。表記する時注意しましょう。

例）『サイレント e 』 cute 例）『2文字母音①』 glue

 **ai** エイ

母音が並ぶと
前の母音がアルファベット読み

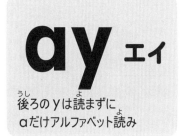 **ay** エイ

後ろの y は読まずに
a だけアルファベット読み

| エイ | × |

 rain

1. 単語の上にフォニックスを書きましょう。

/ 6

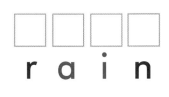

r a i n   m a i l   t a i l

M a y   w a y   s a y

 2. 絵にあう単語を書きましょう。

/ 6

1.

2.

3.

4.

5.
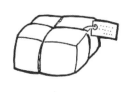

6.

答え 答えの7ページ下

-21-

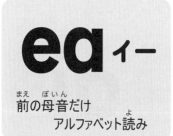 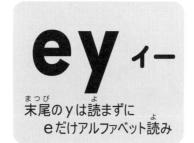

イー ×

† ea

 1. 単語の上にフォニックスを書きましょう。

| / | 7 |

□□□　□□□　□□□　□□□□
t e a　p e a　s e a　t r e e

□□□□□　□□□□□□　□□□□□□
s h e e p　d o n k e y　m o n k e y

 2. 絵にあう単語を書きましょう。

| / | 6 |

1.

2.

3.

4.

5.

6.

答え 答えの7ページ下

CD-2 24

1. 下線の単語の上にフォニックスを書いて、文を読んでみましょう。
また、文とあう絵の番号を書きましょう。

/5

A. I see a <u>mail</u>.　　　　（　　）

B. I see a <u>tail</u>.　　　　（　　）

C. I see a <u>train</u>.　　　　（　　）

D. I see a <u>key</u>.　　　　（　　）

E. I see a <u>sheep</u>.　　　　（　　）

答え　答えの8ページ下

1. 下から単語を選んで、書きましょう。
   また単語の上に、フォニックスを書きましょう。

8

1. ___ ___ ___ ___

2. ___ ___ ___ ___ ___

3. ___ ___ ___ ___

4. ___ ___ ___ ___

5. ___ ___ ___

6. ___ ___ ___ ___

7. ___ ___ ___ ___ ___

8. ___ ___ ___ ___ ___

この中から
選んでね！

day , tea , peach , three
rain , feet , nail , chain

答え 答えの8ページ下

oa oe オウ　**ow** オウ

前の母音が
　　アルファベット読み

後ろの W は読まずに
○ だけアルファベット読み

オウ ｜ ×

coat

1. 単語の上にフォニックスを書きましょう。 ／7

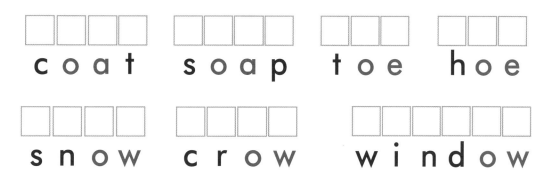

c o a t　　s o a p　　t o e　　h o e

s n o w　　c r o w　　w i n d o w

2. 絵にあう単語を書きましょう。 ／6

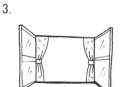

1.

2.

3.

4.

5.

6.

答え　答えの9ページ下

 CD-2 29

1. <ruby>下線<rt>かせん</rt></ruby>の<ruby>単語<rt>たんご</rt></ruby>の<ruby>上<rt>うえ</rt></ruby>にフォニックスを<ruby>書<rt>か</rt></ruby>きましょう。
   また、<ruby>文<rt></rt></ruby>とあう<ruby>絵<rt>え</rt></ruby>の<ruby>番号<rt>ばんごう</rt></ruby>を<ruby>書<rt>か</rt></ruby>きましょう。

	6

A. I like <u>snow</u>.　　　(　)

1.

B. I like the <u>crow</u>.　　(　)

2.

C. I like the <u>boat</u>.　　(　)

3.

D. I like the <u>goat</u>.　　(　)

4.

E. I like the <u>doe</u>.　　　(　)

5.

F. I like a <u>yellow</u> <u>coat</u>. (　)

6.

答え 答えの9ページ下

ui ue ウー ie アイ

前の母音がアルファベット読み   前の母音がアルファベット読み

 1. 単語の上にフォニックスを書きましょう。

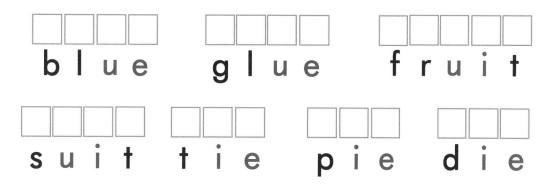

b l u e   g l u e   f r u i t

s u i t   t i e   p i e   d i e

 2. 絵にあう単語を書きましょう。

1.

2.

3.

4.

5.

6.

答え 答えの10ページ下

 1.絵の単語を書きましょう。
また単語の上にフォニックスを書きましょう。

	6

1. ___ ie

2. ___ ie

3. ___ ___ ue

4. ___ ___ ue

5. ___ ui ___

6. ___ ___ ui ___

答え 答えの10ページ下

1. 単語の上にフォニックスを書いて、読んでみましょう。
また、単語にあう絵の番号を、□の中に書きましょう。

□ seat　　□ train　　□ May

□ mail　　□ sea　　□ coat

□ window　□ read　　□ juice

□ die　　□ toe　　□ hoe

1.	2.	3.
4.	5. ABC	6.
7.	8.	9.
10. 5月	11.	12.

答え　答えの11ページ下

答え　答えの11ページ下

1. 書きとりをしましょう。
   また単語の上に、 フォニックスを書きましょう。

1. ___ ___ ___ ___ ___

2. ___ ___ ___

3. ___ ___ ___ ___ ___ ___

4. ___ ___ ___

5. ___ ___ ___ ___ ___

6. ___ ___ ___ ___

7. ___ ___ ___ ___

8. ___ ___ ___

9. ___ ___ ___ ___

10. ___ ___ ___ ___ ___ ___

答え 答えの 12 ページ下

Dictionary

ai
chain	くさり
mail	郵便
nail	くぎ
rain	雨
tail	しっぽ
train	汽車

ay
day	昼, 日
May	5月
play	遊ぶ
say	言う
way	道

ea
clean	そうじする
eat	食べる
pea	豆
peach	もも
read	読む
sea	海
seat	こしかけ
tea	紅茶

ee
bee	ハチ
eel	ウナギ
feet	両足
peel	皮をむく
see	見る
sheep	ヒツジ
three	3
tree	木

ey
donkey	ロバ
key	カギ
monkey	サル

oa
boat	ボート
coat	コート
goat	ヤギ
soap	せっけん

oe
doe	メスのシカ
hoe	くわ
toe	つま先

ow
crow	カラス
snow	雪
window	窓
yellow	きいろ（い）

ui
fruit	くだもの
juice	ジュース
suit	スーツ

ue
blue	青（い）
glue	のり

ie
die	死ぬ
pie	パイ
tie	ネクタイ

フォニックスのルール その5

2 文字母音②

― 2つの母音で新しい音を作る ―

☆フォニックスのルール その5 2文字母音②

—— 2つの母音で新しい音を作る

フォニックスの ルール その4 の2文字母音①の場合は、後ろの母音は読まず、前の母音だけ
アルファベット読みというルールを学びました。

ここでは同じ2文字母音ですが、2つの母音で全く別の音、新しい音を作るものを学びます。
これを2文字母音②と表記します。

それでは「 book 」と「 spoon 」という単語を例にとってご説明します。

フォニックスでは o ＝オですが「 oo 」と2つ並んだ場合は「ウッ」あるいは「ウー」と発音します。
今、区別するために「ウッ」の場合は「 ŏŏ 」で、「ウー」の場合は「 ōō 」で表記します。
「book」の場合は「 ŏŏ 」は「ウッ」と短く発音し b ＝ブ, k ＝クですからそれぞれフォニックス
を書きますとブゥック＝ブック（本）となります。
「spoon」の場合は「 ōō 」は「ウー」と長く発音し、s ＝ス, p ＝プ, n ＝ヌ ですから、
それぞれフォニックスを書きますと、スプウーヌ＝スプーンとなります。

いろいろな規則がたくさん出てくるので混乱してきそうですが、これらもルール その3 で2文字子音
を学んだ時のように、発音練習しながら暗記してしまいましょう。
何回も練習することにより、自分のものになってきます。がんばってくださいね。

『フォニックス』発音練習

☆2つの母音（ぼいん）

オウオウ
oo ・・・Oo says [ŏo,ŏo] book.

オウオウ
oo ・・・Oo says [o̅o,o̅o] spoon.

オウアイ
oi ・・・Oi says [oi,oi] point.

オウワイ
oy ・・・Oy says [oy,oy] boy.

オウユー
ou ・・・Ou says [ou,ou] out.

オウダブリュー
ow・・・Ow says [ow,ow] brown.

エイ ユー
au ・・・Au says [au,au] August.

エイダブリュー
aw・・・Aw says [aw,aw] draw.

イーダブリュー
ew ・・・Ew says [ew,ew] new.

注意（ちゅうい）①「oa,oe」は2文字母音①のルールを使おう！

「o」がつく2文字母音（もじぼいん）は、上記にあるように（じょうき）、ほとんどが新しい音を作ります（あたら おと つく）。
ルール その4 の「oa,oe」は、後ろの母音は読まずに（れい）、前（まえ）の母音がアルファベット読み（よ）のルールを使えます（つか）
が（例boat. doe）それ以外（いがい つか）は使えません。上（うえ）のルールをしっかり覚え（おぼ）ましょう。

注意（ちゅうい）②「ow」は「オウ」と「アウ」と2つ読み方（よ かた）がある。

「ow」はルール その4 の「オウ」と今回（こんかい）のルール「アウ」と2つ読み方（よ かた）があります。
基本的（きほんてき）に末尾（まつび）にある「ow」は「オウ」で、末尾（まつび）にない「ow」は「アウ」で読んでください。
末尾（まつび）にある「ow」— snow　末尾（まつび）にない「ow」— brown
ただしcowのように例外（れいがい）がありますので、例外（れいがい）は例外（れいがい）として覚え（おぼ）られるようにがんばりましょう。

-35-

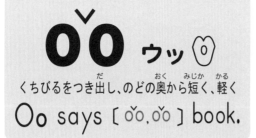

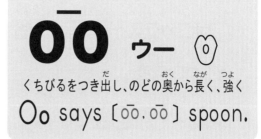

 1. 単語の上にフォニックスを書いて、読んでみましょう。

| | | | 12 |

bŏŏk   lŏŏk   cŏŏk

hŏŏk   wŏŏd   fŏŏt

mōōn   spōōn   brōōm

bōōts   rōōm   pōōl

 2. 絵にあう単語を書きましょう。

| | | | 6 |

1.

2.

3.

4.

5.

6.

答え　答えの12ページ下

oi oy オイ

くちびるを丸め「オ」は強く、「イ」は そっと

Oi says [oi, oi] point.

Oy says [oy, oy] boy.

オイ

boil

1. 単語の上にフォニックスを書きましょう。また絵にあう単語を書きましょう。

	6

1.

oil

boil

foil

soil

2.

3.

おもちゃばこ

4.

R D

boy

joy

toy

enjoy

5.

6.

答え 答えの13ページ下

What are you doing?

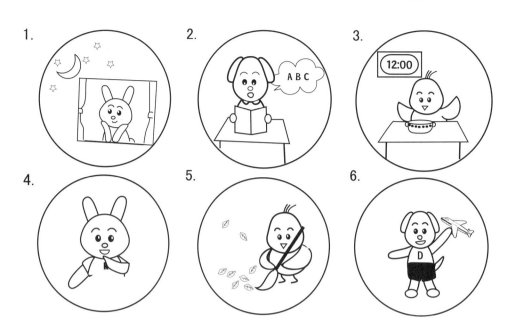

 1. 下線がひいてある単語の上にフォニックスを書いて、文を読んでみましょう。
また、文とあう絵の番号を書きましょう。

□ / 6

A. I am cooking lunch.　　　（　）

B. I am playing with my toy.　　　（　）

C. I am reading a book.　　　（　）

D. I am looking at the moon.　　　（　）

E. I am pointing my chin.　　　（　）

F. I am cleaning with a broom.　　　（　）

答え 答えの13ページ下

ou ow アウ

「ア」は強く、「ウ」はそっと

Ou says [ou, ou] out.
Ow says [ow, ow] brown.

アウ

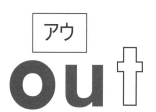

1. 単語の上にフォニックスを書きましょう。また絵にあう単語を書きましょう。

/ 6

1.

2.

3.

about

cloud

round

mouth

south

4.

cow

town

down

brown

crown

5.

6.

答え 答えの14ページ下

au aw オー

口をたてに大きくあけて

Au says [au,au] August.
Aw says [aw,aw] draw.

Paul

	6

1. 単語の上にフォニックスを書きましょう。また絵にあう単語を書きましょう。

1.

2.

Paul

August

autumn ×

sausage

3.

4.

saw

draw

5.

straw

yawn

6.

答え 答えの14ページ下

ou , ow , au , aw

アウ　　アウ　　オー　　オー

CD-2
50

1. 2文字母音を上から選んで書きましょう。
また単語の上に、フォニックスを書きましょう。

1.

dr＿＿＿＿

2.

＿＿＿gust

3.

＿＿＿t

4.

m＿＿＿th

5.

str＿＿＿

6.

cr＿＿＿n

7.

＿＿＿tumn
(×の印が n の上にある)

8.

＿＿＿l

9.

r＿＿＿nd

答え 答えの15ページ下

ew ユー（ウー） 🥜

くちびるを丸く<ruby>突<rt>つ</rt></ruby>き出して

Ew says [ew, ew] new.

ユー

new

 CD-2 52

1. <ruby>単語<rt>たんご</rt></ruby>の<ruby>上<rt>うえ</rt></ruby>にフォニックスを書きましょう。また<ruby>絵<rt>え</rt></ruby>にあう<ruby>単語<rt>たんご</rt></ruby>を書きましょう。

/ 6

1.

2.

new

few

3.

news ズ

4.

In the park.　Where?

crew

stew

5.

view

6.

nephew

答え 答えの15ページ下

1. 2文字母音を〇で囲みましょう。
また単語の上にフォニックスを書き、日本語の意味を下から選んで
書きましょう。

20

1. saw （　　　）　　11. autumn （　　　）

2. sausage （　　　）　　12. fŏot （　　　）

3. new （　　　）　　13. boil （　　　）

4. mōon （　　　）　　14. south （　　　）

5. wŏod （　　　）　　15. view （　　　）

6. boy （　　　）　　16. spōon （　　　）

7. cloud （　　　）　　17. down （　　　）

8. zōo （　　　）　　18. enjoy （　　　）

9. now （　　　）　　19. August （　　　）

10 coin （　　　）　　20. gŏod （　　　）

8月 ， 雲 ， 南 ， 動物園 ， 足 ， スプーン ， ゆでる

今 ， 新しい ， コイン ， 景色 ， 秋 ， 月 ， のこぎり

ソーセージ ， 良い ， 下へ ， 男の子， 木材 ， 楽しむ

答え 答えの16ページ下

Dictionary

ŏŏ	book	本 (ほん)
	cook	料理する (りょうり)
	foot	足 (あし)
	good	良い (よ)
	hook	ホック
	look	見る (み)
	wood	木材 (もくざい)

ōō	broom	ほうき
	boots	ブーツ
	moon	月 (つき)
	pool	プール
	room	へや
	spoon	スプーン
	zoo	動物園 (どうぶつえん)

oi	boil	ゆでる
	coin	コイン
	foil	アルミホイル
	oil	油 (あぶら)
	point	指さす (ゆび)
	soil	土 (つち)

oy	boy	男の子 (おとこ こ)
	enjoy	楽しむ (たの)
	joy	喜び (よろこ)
	toy	おもちゃ

ou	about	～について
	cloud	雲 (くも)
	mouth	口 (くち)
	out	外へ (そと)
	round	丸い (まる)
	south	南 (みなみ)

ow	brown	茶色（の）(ちゃいろ)
	cow	牛 (うし)
	crown	かんむり
	down	下へ (した)
	now	今 (いま)
	owl	ふくろう
	town	町 (まち)

au	August	8月 (がつ)
	autumn	秋 (あき)
	Paul	ポール（男の子の名前）(おとこ こ なまえ)
	sausage	ソーセージ

aw	draw	描く (か)
	saw	のこぎり
	straw	ストロー
	yawn	あくび

ew	crew	乗務員 (じょうむいん)
	few	2つか3つの
	new	新しい (あたら)
	news	知らせ (し)
	nephew	甥 (おい)
	stew	シチュー
	view	景色 (けしき)

フォニックスのルール その6

r のついた母音

☆フォニックスのルール その6 rのついた母音

いよいよこの本で取りあげている最後のルール r のついた母音 について勉強していきましょう。
r のついた母音は、日本語にはない音なので、日本人には難しいとされています。
母音に r がつくと"うめきの母音"などと言われるように、母音が r の影響を受けて、ややくぐも
った音に変わります。

それでは「 card 」という単語を例にとってご説明します。

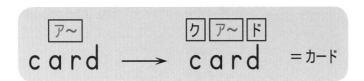

フォニックスでは a ＝ ア ↘, r ＝ゥルという音ですが、「 ar 」と2つの音が一緒になった場合
は、口をたてに大きく広げて舌先を丸め「ア～」と発音します。
舌をどこにもつけないで発音するのは、r だけで発音した場合と同じです。
c ＝ク, d ＝ドという音なので、続けて読むとクァ～ド＝カードとなります。
「 ar 」は「ア～」と書くように注意してください。「アー」でなく「ア～」と表したのは少しでも
「母音＋ r 」の音に近づけさせたいからです。

それではもうひとつ、「 pair 」という単語を例にとってご説明します。

プ	エア～
pair ＝ペアー	

今度は「 air 」など3文字で語尾の音を作る r のついた母音 を勉強していきましょう。
「 ai 」に「 r 」がつくと、2つの母音のルールはくずれ、全く別の音「エア～」になってしまい
ます。ちょっと難しいのですが「 air 」は空気という単語がありますからこれでひとかたまり「エア～」
という発音を覚えてしまいましょう。そして残りの子音 p ＝プですのでプエア～＝ペア～となるわけです。

r の入った母音は、慣れるまで少し難しいかもしれませんが、これが上手に発音できるようになると、
とても自信がつき、まるでネイティヴになったように嬉しくなります。たくさん練習して「英語の発音、
得意です！」と言えるようにがんばりましょう!!

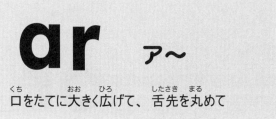

口をたてに大きく広げて、舌先を丸めて

 1. 単語の上にフォニックスを書いて読んでみましょう。

 12

1. arm   2. art   3. car   4. card

5. dark   6. farm   7. smart   8. star

9. mark   10. charm   11. park   12. yard

 2. 絵にあう単語を上から選んで書きましょう。

 6

1.

2.

3.

4.

5.

6.

答え 答えの16ページ下

or オ〜

口をややすぼめて、舌先を丸めて

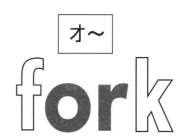

オ〜

 1. 単語の上にフォニックスを書きましょう。
また絵にあう単語を書きましょう。

6

1.

----

corn

2.

----

fork

3.

----

form

horn

4.

----

pork

5.

----

short

sport

storm

6.

答え 答えの 17 ページ下

ir er ur ア〜

口を<ruby>少<rt>すこ</rt></ruby>しあけて、<ruby>舌先<rt>したさき</rt></ruby>を<ruby>丸<rt>まる</rt></ruby>めて

ア〜

b**ir**d

1. <ruby>単語<rt>たんご</rt></ruby>の<ruby>上<rt>うえ</rt></ruby>にフォニックスを<ruby>書<rt>か</rt></ruby>きましょう。
   また<ruby>絵<rt>え</rt></ruby>にあう<ruby>単語<rt>たんご</rt></ruby>を<ruby>書<rt>か</rt></ruby>きましょう。

/ 6

1.

bird

girl

shirt

skirt

fern

serv×e

person

turn

church

2.

3.

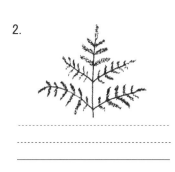

4.

5.

6.

答え 答えの17ページ下

1. 単語の上にフォニックスを書いて、読んでみましょう。
また、単語にあう絵の番号を、□の中に書きましょう。

☐ smart　　☐ horn　　☐ shirt

☐ corn　　☐ yard　　☐ church

☐ charm　　☐ skirt　　☐ arm

☐ sport　　☐ fern　　☐ storm

1.	2.	3.
4.	5.	6.
7.	8.	9.
10.	11.	12.

答え 答えの18ページ下

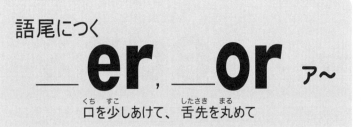

語尾につく

___er, ___or ア〜

口を少しあけて、舌先を丸めて

ア〜

act**or**

1. 単語の上にフォニックスを書いて読んでみましょう。

9

1. finger
2. singer
3. sister
4. player
5. teacher
6. actor
7. doctor
8. sailor
9. conductor

2. 絵にあう単語を上から選んで書きましょう。

6

1.

_____

2.

_____

3.

_____

4.

_____

5.

_____

6.

_____

答え 答えの18ページ下

－51－

air エア〜

<small>くち よこ つよ ひ したさき まる</small>
口を横に強く引き、舌先を丸めて

ear イア〜

<small>くち おも よこ ひら したさき まる</small>
口を思いっきり横に開いて、舌先を丸めて

1. <small>たんご うえ</small>単語の上にフォニックスを書いて<small>か よ</small>読んでみましょう。

/12

1. air
2. fair
3. hair
4. pair
5. chair
6. ear
7. dear
8. fear
9. near
10. gear
11. tear
12. hear

2. <small>え たんご うえ えら か</small>絵にあう単語を上から選んで書きましょう。

/6

1.

2.

3.

4.

5.

6.

答え 答えの 19 ページ下

 1. 下線がひいてある単語の上にフォニックスを書いて、文を読んでみましょう。
また、文とあう絵の番号を書きましょう。

 | / | 6 |

A. This is a <u>baseball</u> play<u>er</u>.　（　）

B. The <u>bird</u> is in the <u>tree</u>.　（　）

C. My <u>house</u> is <u>near</u> the <u>park</u>.　（　）

D. My <u>brother</u> is a <u>sailor</u>.　（　）

E. My <u>sister</u> is a <u>nurse</u>.　（　）

F. <u>Her</u> <u>hair</u> is <u>perfect</u>.　（　）

答え 答えの19ページ下

ire アイア～　ore オア～　our アワ～

1. 単語の上にフォニックスを書いて読んでみましょう。

9

1. tire　　　4. more　　　7. our

2. wire　　　5. score　　　8. sour

3. fire　　　6. store　　　9. ×hour

2. 絵にあう単語を上から選んで書きましょう。

6

1.

‥‥‥‥‥‥‥‥‥

‥‥‥‥‥‥‥‥‥

3.
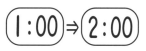
‥‥‥‥‥‥‥‥‥

4.

‥‥‥‥‥‥‥‥‥

5.
‥‥‥‥‥‥‥‥‥

6.

‥‥‥‥‥‥‥‥‥

答え　答えの20ページ下

1. 単語の上にフォニックスを書いて、読んでみましょう。
また日本語の意味を下から選んで書きましょう。

/ 20

Do you read?

① star （　　　） ⑪ sister （　　　）

② yard （　　　） ⑫ finger （　　　）

③ corn （　　　） ⑬ actor （　　　）

④ storm （　　　） ⑭ air （　　　）

⑤ girl （　　　） ⑮ ear （　　　）

⑥ shirt （　　　） ⑯ near （　　　）

⑦ church （　　　） ⑰ tear （　　　）

⑧ purse× （　　　） ⑱ sour （　　　）

⑨ serve× （　　　） ⑲ fire （　　　）

⑩ clerk （　　　） ⑳ score （　　　）

Let's try!

Cheer up!

庭, 教会, さいふ, 涙, 姉妹, 事務員, 耳, すっぱい, 仕える, 星

とうもろこし, 空気, 得点, 女の子, 俳優, シャツ, 火, 嵐, 近い, 指

答え 答えの20ページ下

Dictionary

65 words

ar

arm	うで
art	美術 (びじゅつ)
car	車 (くるま)
card	カード
charm	みりょく
dark	暗い (くら)
farm	農場 (のうじょう)
mark	印 (しるし)
park	公園 (こうえん)
smart	頭の良い (あたま よ)
star	星 (ほし)
yard	庭 (にわ)

or

corn	とうもろこし
fork	フォーク
form	かたち. 姿 (すがた)
horn	ラッパ
pork	豚肉 (ぶたにく)
short	短い (みじか)
sport	スポーツ
storm	嵐 (あらし)

er

clerk	事務員 (じむいん)
fern	シダ
her	彼女の (かのじょ)
person	人 (ひと)
perfect	完全な (かんぜん)
serve	仕える (つか)

ir

bird	鳥 (とり)
girl	女の子 (おんな こ)
shirt	シャツ
skirt	スカート

ur

church	教会 (きょうかい)
nurse	かんごし
purse	さいふ
turn	まわる

〔語尾につく〕er (たんご)

brother	兄弟 (きょうだい)
finger	指 (ゆび)
player	選手 (せんしゅ)
singer	歌手 (かしゅ)
sister	姉妹 (しまい)
teacher	先生 (せんせい)

〔語尾につく〕or (ごび)

actor	俳優 (はいゆう)
conductor	指揮者 (しきしゃ)
doctor	医者 (いしゃ)
sailor	船のり (ふな)

air

air	空気 (くうき)
chair	イス
fair	祭り (まつ)

hair	かみの毛 (け)
pair	ひと組 (くみ)

ear

dear	親愛なる (しんあい)
ear	耳 (みみ)
fear	おそれ
gear	ギアー
hear	聞く (き)
near	近い (ちか)
tear	涙 (なみだ)

ire

fire	火 (ひ)
tire	タイヤ
wire	はり金 (がね)

ore

more	もっと
score	得点 (とくてん)
store	お店 (みせ)

our

hour	時間 (じかん)
our	私達の (わたしたち)
sour	すっぱい

フォニックスのルール その7

その他のルール

☆その他のルール

いよいよ最後になりました。その他のルールです。
フォニックスのルールとして、本書では6つのルールを説明してきましたが、最後にその他のルールとして、ここに載らなかったものをまとめてみました。
そのひとつが「音なしのk」など、読まない音(黙字)をもつ単語についてです。

それでは「knife」という単語を例にとってご説明しましょう。

kのあとにnが続く場合、「k」は読まないというルールがあるので、kの上に×を書きます。
末尾のeは『サイレントe』で発音しないので×を書き、前の母音がアルファベットの読み方に変わるのでiの上に「アイ」と書きます。
n=ヌ f=フですから、×ヌアイフ×となり、続けて読むとナイフになります。

また子音が重なった場合は、前の子音だけ読むというルールがあります。
それでは「rabbit」という単語を例にとってご説明します。

bが2つ重なっているので、後ろのbは読まないので、2番目のbの上に×を書きます。
あとはフォニックスの読み方でそれぞれの音を書きます。
r=ゥル, a=ア↘, b=ブ, i=イ, t=トなのでゥルアブ×イトとなり、続けるとラビットになります。もうすらすらと書けるようになりましたね。

音なしの **k**	音なしの **gh**
kn のとき k は読まない	gh は読まない gh の前にある i はアルファベット読み

 1. 単語の上にフォニックスを書きましょう。
また絵にあう単語を書きましょう。

6

1.

knife

knock

2.

3.

knit

knee

4.

5.

high

light

6.

night

right

答え 答えの 21 ページ下

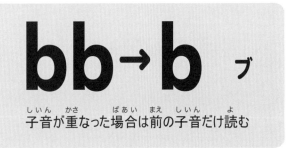

bb → b ブ

子音が重なった場合は前の子音だけ読む

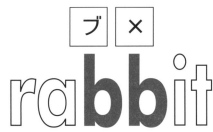

ブ ☒

ra**bb**it

1. 単語の上にフォニックスを書いて読んでみましょう。

/ 12

1. rabbit　2. tennis　3. grass　4. smell

5. glass　6. butter　7. coffee　8. supper

9. dress　10. runner　11. letter　12. summer

2. 絵にあう単語を上から選んで書きましょう。

/ 6

1.

2.

3.

4.

5.

6.

答え 答えの 21 ページ下

How many words can you write?

/ 14

1.	8.
2.	9.
3.	10.
4.	11.
5.	12.
6.	13.
7.	14.

答え 答えの22ページ下

☆『サイレント e 』以外の末尾につく「 e 」の処理

末尾につく「e」は『サイレント e 』で説明しているように、読みませんから × をつける、ということはフォニックスのルール その2 でお話しました。

もう一度おさらいしますと、『サイレント e 』は単語の終わりが「1つの母音＋1つの子音＋e」の場合、前の母音がアルファベットの読み方になるというものでした。

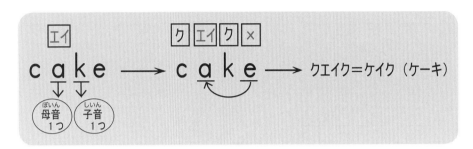

では、その他の場合 ― サイレント e にならない「末尾のe」はどのようにしたらいいのでしょう？
今「 house 」と「 serve 」という単語を例にとってご説明します。

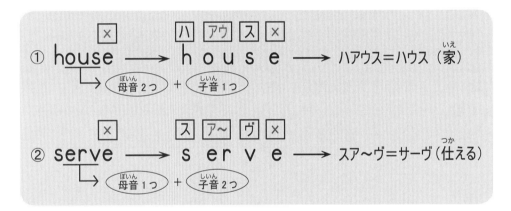

①は e の前に母音が 2 つありますし、②は e の前に子音が 2 つあるので、『サイレント e 』のルールは適用できません。

もちろん①は「ou」と2つの母音で新しい音をつくるルール（フォニックスのルール その5 ）や②は「er」と r のつく母音でやはり新しい音をつくる（フォニックスのルール その6 ）は適用できますが、このような場合、末尾の「e」は × だけつけて読まないと決めてください。

何度もお話しているように『サイレント e 』のルールが使えるのは、e の前に 1 つの母音 ＋ 1 つの子音がある時のみです。

①と②のように語尾につく「e」の単語は非常に多いので、『サイレント e 』が使えなければ、普通の「e」だな、ということで×だけつけて、この音は発音しないということで処理していきましょう。

音なしの **e**

末尾の **e** は発音しない

 1. 単語の上にフォニックスを書いて読んでみましょう。　　　　　/12

1. house　2. mouse　3. blouse　4. nurse

5. horse　6. purse　7. serve　8. puddle

9. sleeve　10. sneeze　11. bubble　12. squeeze

 2. 絵にあう単語を上から選んで書きましょう。　　　　　/6

1.

2.

3.

4.

5.

6.

答え 答えの 22 ページ下

-63-

☆最後に「 y 」の発音についてまとめておきます。

「 y 」の音は本書では「ヤ」と表記していますが、前にご説明したように、実際には「ィヤ」と発音してほしい音です。書く上で混乱するといけないので、敢えて「ヤ」と本書では表していますが、これは主に"単語の最初に「 y 」がくるときの音"です。

ヤ
yard ⟶ ヤ ア〜 ド
yard ＝ヤアード（庭）でしたね。

しかし「 y 」は、単語の末尾にくる場合が圧倒的に多いのです。
末尾にくる「 y 」について、もう一度きちんとまとめておきたいと思います。

☆末尾にくる「 y 」

①「母音＋ y 」の場合、y は発音しない。（フォニックスのルール その4 ）

エイ ×
M a y ⟶ ム エイ ×
M a y ＝メイ（5月）
↳母音

末尾が母音＋ y となる場合は、後ろの y は発音しないというルールでした。

②「子音＋ y 」の場合、y は「イ」または「アイ」と発音する。

A) イ
c i t y → スイ ト イ
c i t y ＝スィティ（町）‥〔síti〕 y にアクセントがない場合
↳子音

B) アイ
s k y → ス ク アイ
s k y ＝スカイ（空）‥〔skái〕 y にアクセントがある場合
↳子音

末尾が子音＋ y となる場合は、「 y 」は「イ」または「アイ」と発音します。
（A）のように y にアクセントがない場合（ y を弱く発音する場合）は「イ」と読み、
（B）のように y にアクセントがある場合（ y を強く発音する場合）は「アイ」と読みます。
単語の数からいきますと（A）のように y にアクセントがなく軽く「イ」と発音するものが多いと思います。「母音＋ y 」と「子音＋ y 」の読み方をもう一度おさらいしながら最後に y の読み方もパーフェクトに覚えてしまいましょう！！

末尾の y　イ or アイ

末尾が子音＋yの時、yはイまたはアイと発音する

イ　アイ
city, sky

 1. 単語の上にフォニックスを書いて読んでみましょう。　/12

| イ | 1. candy | 2. study | 3. party |

4. city　5. mommy（ア）　6. happy

| アイ | 7. my | 8. cry | 9. dry |

10. fly　11. sky　12. try

 2. 絵にあう単語を上から選んで書きましょう。　/6

1.

2.

3.

4.

5.

6.

答え 答えの 23 ページ下

A little star.

I am Paul.

My house is in the country.

ぼくはポール。
ぼくの家はいなかにあるんだよ。

And Laura's house is next door.

She is very cute.

そしてローラの家は
となりにあるんだ。

彼女はとても
かわいいんだよ。

ぼくたちは毎日
丘の上で遊びます。

ウィー
We play on the hill every day.

アイ
We find a lot of things there.

ぼくたちはそこで
たくさんの物を
見つけるんだ。

ある日ぼくたちは、金の星をみつけました。
ぼくたちがそれにさわった時、その星は私たちに言いました。

One day we found a gold star.

When we touched it, the star

said to us, "I'm a little star.

私は小さい星です。

オー
I have fallen from the sky .

私は空から落ちてしまったんです。

私は空にある自分の家へ帰りたいんです。

I want to return home in the sky."

わかりました。
私たちはあなたが
家にもどれるよう
お手伝いします。

"OK. We will help you return home."

それから、私たちは星を手に取りました。
そして夜、屋根に登りました。

Then we picked up the star.

And we climbed on the roof at night.

We put it back in the sky.

私たちは空に星を戻しました。

At that time the star's mother came.

その時、星のお母さんが
迎えにきました。

ありがとう。
私はあなたたちの親切を決して忘れません。

"Thank you, I will never forget your kindness."

その時、空がとてもあかるくなりました。

Then the sky became very bright.

Laura and I were looking at

the sky for a while.

ローラと私は、しばらくの間
その空をながめていました。

Dictionary

kn	knee	ひざ
	knife	ナイフ
	knit	編む
	knock	ノックする
gh	bright	明るい
	high	高い
	light	明かり
	night	夜
	right	正しい
bb	rabbit	うさぎ
ff	coffee	コーヒー
ll	smell	におい
mm	summer	夏
nn	tennis	テニス
	runner	走者
pp	supper	夕食
ss	dress	ドレス
	glass	グラス
	grass	草
tt	butter	バター
	letter	手紙

末尾のe	blouse	ブラウス
	bubble	あわ
	horse	馬
	house	家
	mouse	ネズミ
	nurse	かんごし
	puddle	水たまり
	purse	サイフ
	serve	仕える
	sleeve	そで
	sneeze	くしゃみする
	squeeze	しぼる
末尾のy	candy	あめ
	city	都市
	cry	泣く
	dry	かわいた
	fly	飛ぶ
	happy	幸せな
	mommy	お母さん
	my	私の
	party	パーティ
	sky	空
	study	勉強する
	try	やってみる

●著者プロフィール

齋藤　了（さいとうさとる）

宮崎県出身。米国大学卒業後、大手英会話学校に勤務。「サム先生に聞けば何でもわかる」と生徒の絶大な支持を受ける。都内で講師を務める傍ら、独自の英会話教室を複数立ち上げる。2002 年に、フォニックス英会話アカデミーを設立。現在、同教室の学長として高校生、大学生、社会人クラスを担当している。“ 英語は言語。発声と発音に注意しながらの音読学習 ” を徹底させている。著書『CD 付き　正しい発音が身につく！書いて覚えるはじめてのフォニックス』(ナツメ社)、『書いて覚えるフォニックス　英語発音マスター』では、英語のナレーションを担当している。

齋藤留美子（さいとうるみこ）

子ども時代から得意だった英語を生かし、1991 年フランチャイズの児童英会話教室を開校。常に100 名以上の生徒を維持し、東京管内でトップとなる。2002 年に、夫の了氏と共にフォニックス英会話アカデミーを設立。書いて覚えるフォニックスの教科書を作成し、その独自の授業内容で、確実に力が付くと評判を呼ぶ。約 4,000 人の子どもたちに書いて覚えるフォニックスを取り入れた授業を行い、フォニックスの重要性を確信し、現在公立の小学校普及に向けて活動を行っている。また生徒に、楽しく、効果的に教えられるように指導者の個別相談も行っている。
著書に『CD 付き　正しい発音が身につく！書いて覚えるはじめてのフォニックス』(ナツメ社)、『書いて覚えるフォニックス　英語発音マスター』がある。

━━━ フォニックス英会話アカデミー ━━━

　東京都福生市に、2002 年 4 月から開校。当校は “ 読む、書く、聞く、話す ” の全てを、子供たちが楽しく、バランスよく身に付ける授業をモットーにしている。小学生クラスでは、フォニックスを取り入れ、英語の読み方、発音の仕方をきちんと学べるようにしているので、子供たちは、自信を持ってその後の英語学習に臨めるようになる。生徒は全てのクラスで、フォニックスを含めた検定試験を行うが、後で子供たちが行った試験を見せながら、保護者にも同じものを聞いてもらうので、なんとなく英語を学んでいるということがなく、確実に力がついていることが確認できる。それが、保護者の絶大な支持を得ている結果につながっているのかもしれない。

　フォニックス英会話アカデミーは、毎年広告は出さず、新規生徒のほとんどが、紹介、口コミで入学している。4 月から始まる新年度のクラスもすでに定員になっており、その次の年の生徒の予約も入ってきているという。

　他の英会話教室で何年も学んだが、結果が出ないと転校してくる子供も多いというが、英語学習がどうあるべきなのか、悩んでいる指導者がいれば、ぜひこの書いて覚えるフォニックスを取り入れ、生徒に実践してほしいという。きっと教える先生も、教わる生徒たちも、今よりもっと楽しく、手ごたえのある授業ができることだろう。

STAFF

CDナレーション：齋藤 了（サム）
齋藤留美子（アニー）
CD収録・編集：本田真彦
CD制作プロデュース：髙村朝木
本文・装丁イラスト：波多野三枝子
装丁・DTP：大黒浩之・鈴木博之

ナツメ社Webサイト
https://www.natsume.co.jp
書籍の最新情報（正誤情報を含む）は
ナツメ社Webサイトをご覧ください。

本書に関するお問い合わせは、書名・発行日・該当ページを明記の上、下記のいずれかの方法にてお送りください。
電話でのお問い合わせはお受けしておりません。
・ナツメ社webサイトの問い合わせフォーム
　https://www.natsume.co.jp/contact
・FAX（03-3291-1305）
・郵送（下記、ナツメ出版企画株式会社宛て）
なお、回答までに日にちをいただく場合があります。
正誤のお問い合わせ以外の書籍内容に関する解説・個別の相談は行っておりません。あらかじめご了承ください。

さいしんばん
最新版
か　　おぼ　　　　　たの
書いて覚える 楽しいフォニックス

2021年6月18日　初版発行
2024年3月1日　第4刷発行

著　者　齋藤留美子・齋藤 了　　　　　　　　©Rumiko & Satoru Saito, 2021
　　　　さいとうるみこ　さいとうさとる

発行者　田村正隆

発行所　株式会社ナツメ社
　　　　東京都千代田区神田神保町1-52
　　　　ナツメ社ビル1F（〒101-0051）
　　　　電話 03-3291-1257（代表）　FAX 03-3291-5761
　　　　振替 00130-1-58661

制　作　ナツメ出版企画株式会社
　　　　東京都千代田区神田神保町1-52
　　　　ナツメ社ビル3F（〒101-0051）
　　　　電話 03-3295-3921（代表）

印刷所　広研印刷株式会社

ISBN978-4-8163-7050-2　Printed in Japan
〈定価はカバーに表示してあります〉〈乱丁・落丁本はお取り替えします〉

Phonics 1

答え

2～24 ページの上段

Phonics 2

答え

2～23 ページの下段

The alphabet

はじめまして

1. アルファベットの大文字を読みましょう。

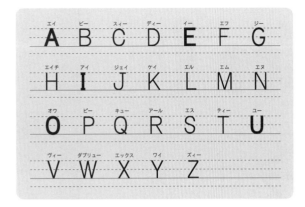

2. アルファベットは全部で何文字ありますか？　（　26　）文字

3. その中で5文字が母音です。（それ以外の文字は子音です。）
母音の名前を書きましょう。　そして、読んでみましょう。

A さん　I さん　U さん　E さん　O さん
（ エイ ）（ アイ ）（ ユー ）（ イー ）（ オウ ）

4. アルファベットの大文字を言いながら隣に書きましょう。

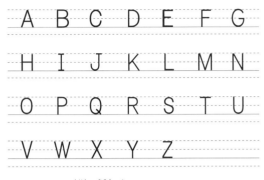

A B C D E F G
H I J K L M N
O P Q R S T U
V W X Y Z

5. アルファベットの子音の名前を書きましょう。

エイ　（ビー）（スィー）（ディー）　イー　（エフ）（ジー）
A さん　B さん　C さん　D さん　E さん　F さん　G さん

（エイチ）　アイ　（ジェイ）（ケイ）（エル）（エム）（エヌ）
H さん　I さん　J さん　K さん　L さん　M さん　N さん

オウ　（ピー）（キュー）（アール）（エス）（ティー）　ユー
O さん　P さん　Q さん　R さん　S さん　T さん　U さん

（ヴィー）（ダブリュー）（エックス）（ワイ）（ズィー）
V さん　W さん　X さん　Y さん　Z さん

---

ch チュ
口をまるくすぼめて軽く
Ch says [ch, ch] chair.

sh シュ
口をまるくすぼめて、息をたくさんはいて
Sh says [sh, sh] ship.

1. 単語の上にフォニックスを書きましょう。
また絵にあう単語を書きましょう。　□ 8

1.
shine
シュ イブ
ship
シュ アイ ヌ ×
shine

2.
fish

3.
chest
フィ シュ
fish
ブ ル ア シュ
brush

4.
ship

5.
brush
チュ エスト
chest
チュ アイム ×
chime

6.
bench

7.
lunch
ブ エヌ チュ
bench

8.
ピンポン♪
ルア ヌ チュ
lunch
chime

wh ホ
「ウ」というつもりで軽く
Wh says [wh, wh] whale.

ph フ
f と同じ音
Ph says [ph, ph] phone.

1. 単語の上にフォニックスを書きましょう。
また絵にあう単語を書きましょう。　□ 8

1.
elephant
ホ　アト
what
ホ　イ チュ
which

2.
photo

3.
whale
ホ アイト ×
white
ホ エイル ×
whale

4.
?
what

5.
ABC
alphabet
フ ト オ
photo
エルエフ アヌト
elephant

6.
Pセス アブ pencil!!
phonics

7.
I'll buy or♪
which
フ オ ヌイクス
phonics
アルフ アブエト
alphabet

8.
white

Phonics 1 20 ページの答え

1. AからZまで線で結びましょう。

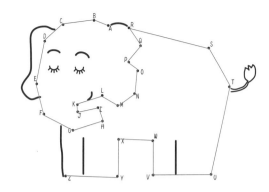

2. AからZまで線で結びましょう。

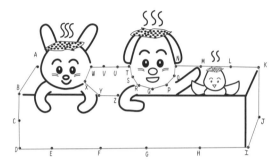

Phonics 1 21 ページの答え

1. 母音を赤色でぬりましょう。

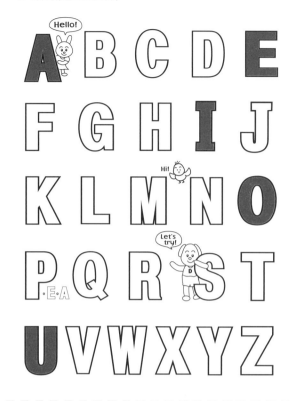

Phonics 2 10 ページの答え

チュ　シュ　ホ　フ
ch , sh , wh , ph

1. 2文字子音を上から選んで、書きましょう。
また単語の上に、フォニックスを書きましょう。

9

1.

シュ　オ ブ
s h op

2.

ル ア ヌ チュ
lun c h

3.

ホ イ ブ
w h ip

4.

チュ イ ヌ
c h in

5.
ド イ シュ
di s h

6.
ホ オ ウ ヌ ×
p h one

7.
シュ アイヌ ×
s h ine

8.

ホ イ ッ チュ
w h ic h

9.
フ オ ヌ イ クス
p h onics

Phonics 2 11 ページの答え

(無声音)
th 👄 ス
舌をはさんで息だけで
Th says [th , th] math.

(有声音)
th 👄 ズ
舌をはさんで声を出して
Th says [th , th] this.

1. 単語の上にフォニックスを書きましょう。
また絵にあう単語を書きましょう。

8

1.
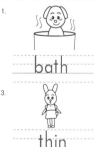
bath

ス イ ヌ
thin
ス ア ヌ ク
thank

2.

mother

3.

thin

ズ イ ス
this
ズ ア ト
that

4.

thank

5.
3＋5＝8
5−2＝3
math

ブ ア ス
bath
ム ア ス
math

6.
with

7.

this

ウ イ ズ
with
ム ア ズ ア～
mother

8.

that

The alphabet

1. アルファベットの小文字を読みましょう。

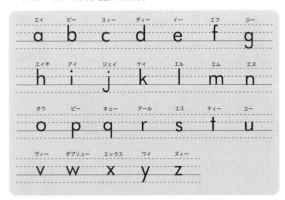

エイ	ビー	スィー	ディー	イー	エフ	ジー
a	b	c	d	e	f	g

エイチ	アイ	ジェイ	ケイ	エル	エム	エヌ
h	i	j	k	l	m	n

オウ	ビー	キュー	アール	エス	ティー	ユー
o	p	q	r	s	t	u

ヴィー	ダブリュー	エックス	ワイ	ズィー
v	w	x	y	z

2. 小文字を書く場所は3種類あります。
   それぞれ、かぞえてみましょう。

a c e m n o r s u v w x z

① 真中だけ使うのは（ 13 ）文字

b d f h i k l t

②2段使うのは（ 8 ）文字

g j p q y

③下へ行くのは（ 5 ）文字　　全部で26文字あります。

1. アルファベットの小文字を言いながら、隣に書きましょう。

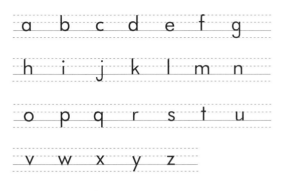

a b c d e f g

h i j k l m n

o p q r s t u

v w x y z

2. アルファベットの名前を書きましょう。

（ エイ ）	（ ビー ）	（ スィー ）	（ ディー ）	（ イー ）	（ エフ ）	（ ジー ）
aさん	bさん	cさん	dさん	eさん	fさん	gさん

（ エイチ ）	（ アイ ）	（ ジェイ ）	（ ケイ ）	（ エル ）	（ エム ）	（ エヌ ）
hさん	iさん	jさん	kさん	lさん	mさん	nさん

（ オウ ）	（ ビー ）	（ キュー ）	（ アール ）	（ エス ）	（ ティー ）	（ ユー ）
oさん	pさん	qさん	rさん	sさん	tさん	uさん

（ ヴィー ）	（ダブリュー）	（ エックス ）	（ ワイ ）	（ ズィー ）
vさん	wさん	xさん	yさん	zさん

- -

ck ク
c や k と同じ音
Ck says 〔ck,ck〕duck.

ng ング（ヌ）
鼻にひびかせて
Ng says 〔ng,ng〕king.

1. 単語の上にフォニックスを書きましょう。
   また絵にあう単語を書きましょう。

8

1. king
2. ドア ク duck — duck
   ヌ エ ク neck
3. wing — クイング king
   ウイング wing
4. neck
5. sing — クイク kick
   ブイク pick
6. pick
7. hanger — スイング sing
   ハアング ア~ hanger
8. kick

ス ズ ク ング
th , th , ck , ng

1. 2文字子音を上から選んで書きましょう。
   また単語の上に、フォニックスを書きましょう。

9

1. スイング si ng
2. ブ アス ba th
3. ス オ ク so ck
4. スイク th i ck
5. フ アーズ ア~ fa th er
6. ウルイング r i ng
7. ウイズ wi th
8. ムアス ma th
9. スイク si ck

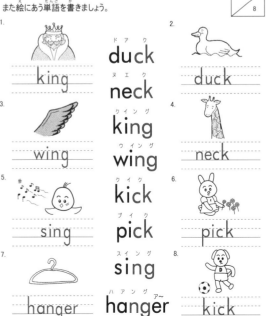

Phonics 1 24 ページの答え

1. **a** から **z** まで線で結びましょう。

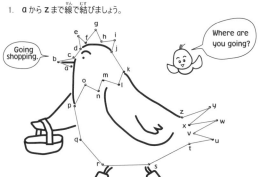

2. **a** から **z** まで線で結びましょう。

Phonics 1 25 ページの答え

1. 大文字・小文字のペアーを書きましょう。

Phonics 2 14 ページの答え

1. 発音練習をしながら、フォニックスを書いてみましょう。

⬜ 8

① Ch says〔ch , ch〕chair. ［チュ｜チュ〕

② Sh says〔sh , sh〕ship. ［シュ｜シュ〕

③ Wh says〔wh , wh〕whale. ［ホ｜ホ〕

④ Ph says〔ph , ph〕phone. ［フ｜フ〕

⑤ Th says〔th , th〕math. ［ス｜ス〕 **3+6=9**

⑥ Th says〔th , th〕this. ［ズ｜ズ〕

⑦ Ck says〔ck , ck〕duck. ［ク｜ク〕

⑧ Ng says〔ng , ng〕king. ［ング｜ング〕

Phonics 2 15 ページの答え

1. 単語の上にフォニックスを書いて、読んでみましょう。

⬜ 15

ドイシュ
dish

ウイシュ
wish

ブッルアシュ
brush

スオク
sock

ブイク
pick

ッルオク
rock

ブアク
back

ヌエク
neck

チュイク
chick

スイク
thick

スイング
sing

クイング
king

ウイング
wing

ッルイング
ring

スイング
thing

Phonics 1 26 ページの答え

1. アルファベットの大文字を書きましょう。

A	B	C	D	E	F	G
H	I	J	K	L	M	N
O	P	Q	R	S	T	U
V	W	X	Y	Z		

2. アルファベットの小文字を書きましょう。

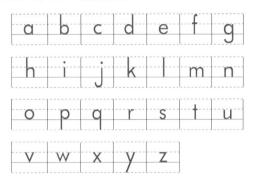

a	b	c	d	e	f	g
h	i	j	k	l	m	n
o	p	q	r	s	t	u
v	w	x	y	z		

Phonics 1 29 ページの答え

〔音〕 「フォニックス読み」

ア	ブ	ク(ス)	ド	エ	フ	グ(ジュ)
a	b	c	d	e	f	g
ハ	イ	ジュ	ク	ル	ム	ヌ
h	i	j	k	l	m	n
オ	ブ	クウ	ウル	ス	ト	ア
o	p	qu	r	s	t	u
ヴ	ウ	クス	ヤ	ズ		
v	w	x	y	z		

☆上の表を見ながら、アルファベットの名前と音を書いていきましょう。 12

e < なまえ 「イーさん」／おと エ

s < なまえ 「エスさん」／おと ス

u < なまえ 「ユーさん」／おと ア

i < なまえ アイ さん／おと イ

a < なまえ エイ さん／おと 「ア〜」

o < なまえ オウ さん／おと オ

r < なまえ 「アールさん」／おと ウル

n < なまえ 「エヌさん」／おと ヌ

l < なまえ エル さん／おと ル

Phonics 2 16 ページの答え

1. 単語の上にフォニックスを書いて、読んでみましょう。  12

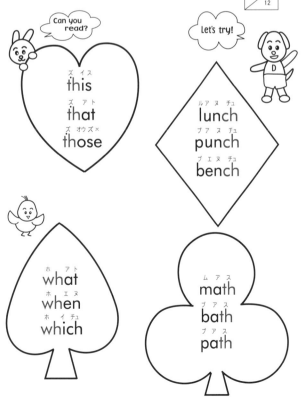

Can you read?

Let's try!

ズ イス
this

ズ アト
that

ズ オウズ×
those

ル ア ヌ チュ
lunch

ブ ア ヌ チュ
punch

ブ エ ヌ チュ
bench

ホ アト
what

ホ エ ヌ
when

ホ イ チュ
which

ム アス
math

ブ アス
bath

ブ アス
path

Phonics 2 17 ページの答え

1. 書きとりをしましょう。
また単語の上に、フォニックスを書きましょう。 10

1. フ イ シュ
   f i s h

2. ド ア ク
   d u c k

3. ホ エイ ル ×
   w h a l e

4. メ エ ク
   n e c k

5. ス オ ク
   s o c k

6. エル エ フ　ア ヌ ト
   e l e p h a n t

7. ス イ ン グ
   s i n g

8. フ オ ヌ イ クス
   p h o n i c s

P ロス
"ブ""ブ"
pencil!

9. ホ アイト ×
   w h i t e

10. ブ エ ヌ チュ
    b e n c h

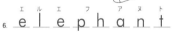
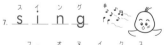

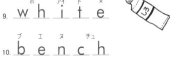
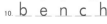

Phonics 1 34 ページの答え

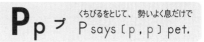 〈くちびるをとじて、勢いよく息だけで〉
P says 〔p，p〕pet.

 6

1. はじめが p の音には○、p 以外の音には × を（ ）の中に書きましょう。

1. （○）

2. （×）

3. （○）

4. （○）

5. （×）

6. （○）

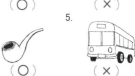 〈くちびるをとじて、勢いよく声をだして〉
B says 〔b，b〕bag.

 6

2. はじめが b の音には○、b 以外の音には × を（ ）の中に書きましょう。

1. （○）

2. （×）

3. （×）

4. （○）

5. （○）

6. （×）

Phonics 1 35 ページの答え

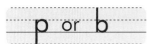 p or b

 8

3. はじめの音を聞いて、p か b を書きましょう。

1. p

2. b

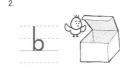
3. b

4. p

5. b

6. p

7. p

8. b

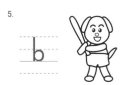

Phonics 2 21 ページの答え

ai エイ
ぼいんがならぶと前の母音がアルファベット読み

ay エイ
後ろの y は読まずに a だけアルファベット読み

エイ × rain

1. 単語の上にフォニックスを書きましょう。

6

ウル エイ × ヌ
r a i n

ム エイ × ル
m a i l

ト エイ × ル
t a i l

ム エイ ×
M a y

ウ エイ ×
w a y

ス エイ ×
s a y

2. 絵にあう単語を書きましょう。

6

1. tail

2. rain

3. May

4. say

5. mail

6. way

Phonics 2 22 ページの答え

ea イー
前の母音だけアルファベット読み

ey イー
末尾の y は読まずに e だけアルファベット読み

イー × tea

1. 単語の上にフォニックスを書きましょう。

7

ト イー ×
t e a

プ イー ×
p e a

ス イー ×
s e a

トゥ イー ×
t r e e

シュ イー × プ
s h e e p

ド オ ヌ ク イー ×
d o n k e y

ム オ ヌ ク イー ×
m o n k e y

2. 絵にあう単語を書きましょう。

6

1. sea

2. sheep

3. pea

4. monkey

5. tree

6. donkey

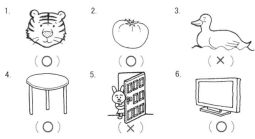

1. はじめが t の音には○、t 以外の音には × を（　）の中に書きましょう。

1. （ ○ ）　2. （ ○ ）　3. （ × ）
4. （ ○ ）　5. （ × ）　6. （ ○ ）

2. はじめが d の音には○、d 以外の音には × を（　）の中に書きましょう。

1. （ ○ ）　2. （ × ）　3. （ ○ ）
4. （ × ）　5. （ ○ ）　6. （ ○ ）

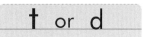

3. はじめの音を聞いて、t か d を書きましょう。

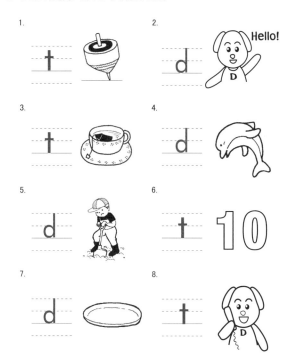

1. t　2. d
3. t　4. d
5. d　6. t
7. d　8. t

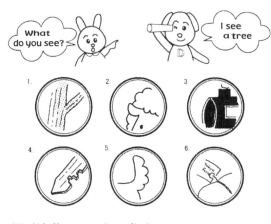

What do you see?　I see a tree

1. 下線の単語の上にフォニックスを書いて、文を読んでみましょう。
また、文とあう絵の番号を書きましょう。

A. I see a mail.　　（ 6 ）
　　ム エイ×ル

B. I see a tail.　　（ 5 ）
　　トエイ×ル

C. I see a train.　　（ 3 ）
　　トゥルエイ×ヌ

D. I see a key.　　（ 4 ）
　　クイー×

E. I see a sheep.　　（ 2 ）
　　シュイー× ブ

1. 下から単語を選んで書きましょう。
また単語の上に、フォニックスを書きましょう。

1. r a i n　　ウル エイ × ヌ
2. c h a i n　　チュ エイ × ヌ
3. d a y　　ド エイ ×
4. n a i l　　ヌ エイ × ル
5. t e a　　ト イー ×
6. f e e t　　フ イー × ト
7. p e a ch　　ブ イー × チュ
8. th r e e　　ス ウル イー ×

day , tea , peach , three
rain , feet , nail , chain

Phonics 1 38 ページの答え

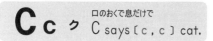 ク　口のおくで息だけで
C says [c, c] cat.　 6

1. はじめが C の音には○、C 以外の音には × を（　）の中に書きましょう。

1.（ ○ ）
2. （ × ）
3. （ ○ ）
4. （ ○ ）
5.（ × ）
6.（ × ）

G g グ　口のおくで勢いよく声を出して
G says [g, g] guitar.　6

2. はじめが g の音には○、g 以外の音には × を（　）の中に書きましょう。

1.（ ○ ）
2. （ ○ ）
3. （ × ）
4. （ × ）
5. （ ○ ）
6.（ × ）

Phonics 1 39 ページの答え

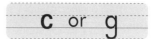 c or g　 8

3. はじめの音を聞いて、c か g を書きましょう。

1. **c**
2. **g**
3. **g**
4. **c**
5. **g**
6. **c**
7. **c**
8. **g**

Phonics 2 25 ページの答え

 オウ　前の母音がアルファベット読み
 オウ　後ろの W は読まずに O だけアルファベット読み
オウ × coat

1. 単語の上にフォニックスを書きましょう。　7

クオウ×ト　スオウ×プ　トオウ×　ハオウ×
c o a t 　s o a p 　t o e 　h o e

ス ヌ オウ×　ク ゥル オウ×　ウ イ ヌ ド オウ×
s n o w 　c r o w 　w i n d o w

2. 絵にあう単語を書きましょう。　6

1.  soap
2. snow
3. window
4. coat
5. hoe
6. crow

Phonics 2 26 ページの答え

 What do you like?

1. 下線の単語の上にフォニックスを書きましょう。
また、文とあう絵の番号を書きましょう。　6

A. I like <u>snow</u>. （ 3 ）　ス ヌ オウ×
1.

B. I like the <u>crow</u>. （ 1 ）　クゥルオウ×
2.

C. I like the <u>boat</u>. （ 2 ）　ブオウ×ト
3.

D. I like the <u>goat</u>. （ 6 ）　グオウ×ト
4.

E. I like the <u>doe</u>. （ 4 ）　ドオウ×
5.

F. I like a <u>yellow coat</u>. （ 5 ）　ヤエル×オウ×　クオウ×ト
6.

-9-

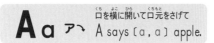

口を横に開いて口元をさげて
A says〔a , a〕apple.

6

1. まん中が a の音には○、a 以外の音には × を（　）の中に書きましょう。

1. （ ○ ）　2. （ × ）　3. （ ○ ）
4. （ ○ ）　5. （ × ）　6. （ ○ ）

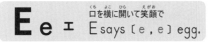

口を横に開いて笑顔で
E says〔e , e〕egg.

6

2. まん中が e の音には○、e 以外の音には × を（　）の中に書きましょう。

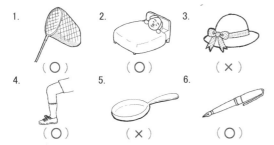

1. （ ○ ）　2. （ ○ ）　3. （ × ）
4. （ ○ ）　5. （ × ）　6. （ ○ ）

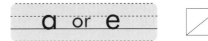

a or e

8

3. まん中の音を聞いて、a か e を書きましょう。

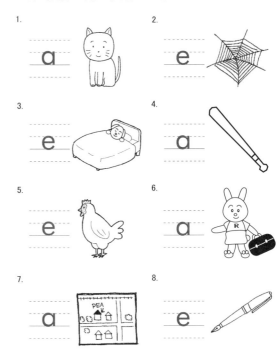

1. a　2. e
3. e　4. a
5. e　6. a
7. a　8. e

- -

ui ue ウー
前の母音がアルファベット読み

ie アイ
前の母音がアルファベット読み

ウー × 　suit
アイ × 　pie

1. 単語の上にフォニックスを書きましょう。

7

ブ ル ウー ×　blue　　グ ル ウー ×　glue　　フ ル ウー × ト　fruit

ス ウー × ト　suit　　ト アイ ×　tie　　プ アイ ×　pie　　ド アイ ×　die

2. 絵にあう単語を書きましょう。

6

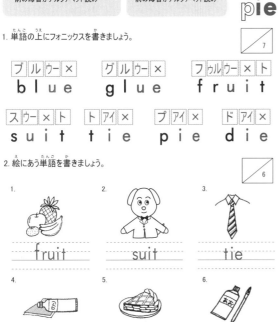

1. fruit　2. suit　3. tie
4. glue　5. pie　6. blue

1. 絵の単語を書きましょう。
また単語の上にフォニックスを書きましょう。

6

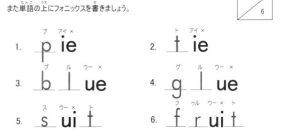

プ アイ ×　　　　　　　　ト アイ ×
1. p ie　　　　2. t ie
ブ ル ウー ×　　　　　　グ ル ウー ×
3. b l ue　　　4. g l ue
ス ウー × ト　　　　　　フ ル ウー × ト
5. s ui t　　　　6. f r ui t

I i イ 口を思いっきり横に開いて　I says〔i , i〕ink.

6

1. まん中の音がiの音には〇、i以外の音には × を（　）の中に書きましょう。

1. （ × ）　2. （ 〇 ）　3. （ 〇 ）

4. （ 〇 ）　5. （ 〇 ）　6. （ × ）

O o オ 口を大きくたてに開いて、おなかから　O says〔o , o〕octopus.

6

2. まん中の音がoの音には〇、o 以外の音には × を（　）の中に書きましょう。

1. （ 〇 ）　2. （ 〇 ）　3. （ × ）

4. （ × ）　5. （ 〇 ）　6. （ 〇 ）

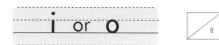
i or o

8

3. まん中の音を聞いて、i か o を書きましょう。

1. o　2. i

3. o　4. o

5. i　6. i

7. i　8. o

  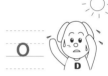

1. 単語の上にフォニックスを書いて、読んでみましょう。
また、単語にあう絵の番号を、口の中に書きましょう。

12

	スィー × ト		トゥルエイ×ヌ		ムエイ ×
8	seat	7	train	10	May
2	ム エイ×ル mail	9	スィー × sea	3	クオウ×ト coat
1	ウイヌ ドウ× window	5	ゥルイー×ド read	11	ジュウ×ス juice
12	ドアイ× die	6	トオウ× toe	4	ハ オウ × hoe

1. 単語の上にフォニックスを書いて、読んでみましょう。

17

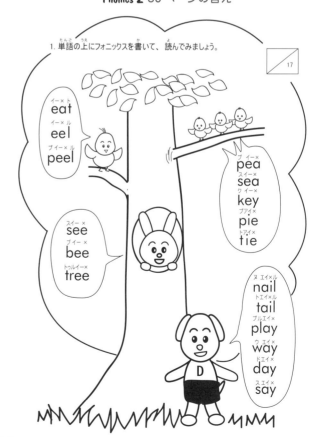

Phonics 1 45 ページの答え

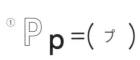

Uu ア びっくりして
U says [u, u] umbrella. ▨6

1. まん中の音が u の音には〇、u 以外の音には × を（ ）の中に書きましょう。

1. （ 〇 ）　2. （ × ）　3. （ 〇 ）
4. （ × ）　5. （ × ）　6. （ 〇 ）

ア〜　エ　イ　オ　ア
a e i o u ▨6

2. はじめの音を書きましょう。

1. a　2. i　3. e
4. u　5. o　6. a

Phonics 1 46 ページの答え

1. アルファベットの音（フォニックス）を書きましょう。

 Let's write. ▨11

① Pp =（ プ ）
② Bb =（ ブ ）
③ Tt =（ ト ）
④ Dd =（ ド ）
⑤ Cc =（ ク ）
⑥ Gg =（ グ ）
⑦ Aa =（ ア ）
⑧ Ee =（ エ ）
⑨ Ii =（ イ ）
⑩ Oo =（ オ ）
⑪ Uu =（ ア ）

Phonics 2 31 ページの答え

1. 書きとりをしましょう。
また単語の上に、フォニックスを書きましょう。 ▨10

1. s n o w　ス ヌ オウ ×
2. d o e　ド オウ ×
3. w i n d o w　ウ イ ヌ ド オウ ×
4. t o e　ト オウ ×
5. f r u i t　フ ル ウー × ト
6. s u i t　ス ウー × ト
7. g l u e　グ ル ウー ×
8. t e a　ト イー ×
9. r a i n　ル エイ × ヌ
10. m o n k e y　ム オ ヌ ク イー ×

Phonics 2 36 ページの答え

 ŏŏ ウッ
くちびるをつき出し、のどの奥から短く、軽く
Oo says [ŏŏ, ŏŏ] book.

ōō ウー
くちびるをつき出し、のどの奥から長く、強く
Oo says [ōō, ōō] spoon.

1. 単語の上にフォニックスを書いて、読んでみましょう。 ▨12

book ブ ウック　look ル ウック　cook ク ウック
hook ハ ウック　wood ウ ウッド　foot フ ウット
moon ム ウー ヌ　spoon スプ ウー ヌ　broom ブル ウー ム
boots ブ ウートス　room ル ウー ム　pool プ ウール

2. 絵にあう単語を書きましょう。 ▨6

1.  room
2.  wood
3.  cook
4.  look
5.  boots
6.  broom

-12-

2. □の中にフォニックスを書きましょう。そして読んでみましょう。 5

① ブ ア グ
b + a + g = bag

② プ イ グ
p + i + g = pig

③ ク ア プ
c + u + p = cup

④ ト オ プ
t + o + p = top

⑤ ブ エ ド
b + e + d = bed

M m ム
くちびるをとじて、鼻にひびかせて
M says [m, m] monkey.

N n ヌ
舌を上の前歯のうらにつけて、鼻にひびかせて
N says [n, n] net.

1. はじめの音を聞いて、m か n を書きましょう。 6

1. m 2. n 3. n
4. m 5. n 6. m

2. 単語の上にフォニックスを書いて、( )の中に絵の番号を書きましょう。 5

① ム ア プ   ② ヌ ア プ   ③ ヌ エ ト
m a p (6)   n a p (3)   n e t (2)

④ ム エ ル オ ヌ   ⑤ ヌ エ ス ト
m e l o n (4)   n e s t (5)

oi oy オイ
くちびるを丸め「オ」は強く、「イ」はそっと
Oi says [oi, oi] point.
Oy says [oy, oy] boy.

オイ
b**oi**l

1. 単語の上にフォニックスを書きましょう。また絵にあう単語を書きましょう。 6

   オ イル
1. boil   oil
               ブ オイル
               boil
               フ オイル
               foil   2. foil

  ス オ イル
3. soil
               ブ オイ
   toy   boy   4. enjoy
               ジュ オイ
               joy
  ト オイ
5. toy
               エ ヌ ジュ オイ
   boy   enjoy   6.  soil

What are you doing?

1. 下線がひいてある単語の上にフォニックスを書いて、文を読んでみましょう。
   また、文とあう絵の番号を書きましょう。 6

ク ウッ ク   ル ア ヌ チュ
A. I am cooking lunch.   (3)

ブル エイ×   ウィ ズ   ト オイ
B. I am playing with my toy.   (6)

ウル イー× ド   ブ ウッ ク
C. I am reading a book.   (2)

ル ウック   ム ウー ヌ
D. I am looking at the moon.   (1)

ブ オイ ヌ ト   チュイ ヌ
E. I am pointing my chin.   (4)

クル イー× ヌ   ウィ ズ   ブル ウー ム
F. I am cleaning with a broom.   (5)

Phonics 1 50 ページの答え

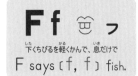

F f フ
下くちびるを軽くかんで、息だけで
F says〔f, f〕fish.

V v ヴ
下くちびるを軽くかんで、声をだして
V says〔v, v〕violin.

1. はじめの音を聞いて、f か v を書きましょう。 ⬚6

1. f  　2. v 　3. f

4. f 　5. v 　6. v

2. 単語の上にフォニックスを書いて、( )の中に絵の番号を書きましょう。 ⬚5

① フ ア ヌ 　② ヴ エ ス ト 　③ フ オ ク ス
f a n (3) 　v e s t (5) 　f o x (1)

④ フ ア ト 　⑤ ヴ エ ト
f a t (4) 　v e t (2)

Phonics 1 51 ページの答え

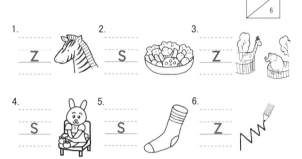

S s ス
歯と歯を軽く合わせて、息だけで
S says〔s, s〕sun.

Z z ズ
歯と歯を軽く合わせて、声を出して
Z says〔z, z〕zebra.

1. はじめの音を聞いて、s か z を書きましょう。 ⬚6

1. z 　2. s 　3. z

4. s 　5. s 　6. z

2. 単語の上にフォニックスを書いて、( )の中に絵の番号を書きましょう。 ⬚5

① ス イ ト 　② ズ イ グ ズ ア グ
s i t (4) 　z i g - z a g (6)

③ ズ イ ー ブ ル ア 　④ ズ ウー 　⑤ ス オ ク
z e b r a (1) 　z o o (3) 　s o c k (5)

Phonics 2 39 ページの答え

ou ow アウ 　アウ **ou t**

「ア」は強く、「ウ」はそっと
Ou says〔ou.ou〕out.
Ow says〔ow.ow〕brown.

1. 単語の上にフォニックスを書きましょう。また絵にあう単語を書きましょう。 ⬚6

1. 　アブ アウト　about
クル アウ ド　cloud
ウル アウ ヌ ド　round
cloud

2.  mouth

3.  ム アウス　mouth
ス アウス　south
crown

4. round

5. ク ア ウ　cow
ト アウ ヌ　town
ド アウ ヌ　down
ブ ル アウ ヌ　brown
brown

クル ア ウ ヌ　crown

6.  cow

Phonics 2 40 ページの答え

au aw オー 　オー **Paul**

口をたてに大きくあけて
Au says〔au.au〕August.
Aw says〔aw.aw〕draw.

1. 単語の上にフォニックスを書きましょう。また絵にあう単語を書きましょう。 ⬚6

1.  ブ オール　Paul
オー グ アスト　August
August

2. straw

3. オー ト ア ム ×　autumn
ス オー ス エイ ジュ ×　sausage
saw

4. autumn

5.  ス オー　saw
ドゥル オー　draw
ス トゥル オー　straw
ヤ オー ヌ　yawn
Paul

6. yawn

—14—

Phonics 1 52 ページの答え

ム	ヌ	フ	ヴ	ス	ズ
m	**n**	**f**	**v**	**s**	**z**

はじめの音を聞いて、その文字を上から選び書きましょう。

☐/10

1. f
2. m
3. s
4. z
5. v

6. n
7. f
8. m
9. v
10. n

Phonics 1 53 ページの答え

☆書きとりをしましょう。また単語の上にフォニックスも書きましょう。

☐/7

①
1. ム オ ム オ ト ア ゥル オ 2. ヌ ア ト
Momotaro has a nut.
（桃太郎）　　　　　　　　　　（木の実）

②
3. ス イ ト 4. ヴ ア ヌ
We sit in a van.
（座る）　　　　（運ぱん車）

③
5. フ ア ト 6. フ オ ク ス 7. ズ ウー
A fat fox is in the zoo.
（太った）　（キツネ）　　　　　（動物園）

Phonics 2 41 ページの答え

アウ	アウ	オー	オー
ou	**ow**	**au**	**aw**

☐/9

1. 2 文字母音を上から選んで書きましょう。
　また単語の上に、フォニックスを書きましょう。

1. ドゥル　オー
dr a w

2. オー　ガ ヴァスト
A u gust

3. ア ウ ト
o u t

4. ム ア ウス
m o u th

5. ストゥル　オー
str a w

6. クゥル ア ウ ヌ
cr o w n

7. オー　ト ア ム ×
a u tumn

8. ア ウル
o w l

9. ゥル ア ウ ヌ ド
r o u nd

Phonics 2 42 ページの答え

ew ユー（ウー） ◎
くちびるを丸くつき出して
Ew says 〔ew. ew〕new.

ユー
n ew

☐/6

1. 単語の上にフォニックスを書きましょう。また絵にあう単語を書きましょう。

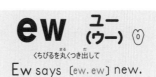
1. ヌ ユー
new
view

2.
news

フ ユー
few

3. ヌ ユー ズ
news
new

クゥル ユー
crew

ストゥ ユー
stew

4.
nephew

5. ヴィユー
view

ヌ エ フ ユー
nephew
crew

6.
stew

Phonics 1 54 ページの答え

L l ⚇ ル
くちを大きくあけて、舌先を上の前歯のうらにつけて
L says 〔l , l〕 lion.

R r ゥ
くちびるをつき出し、「ウ」というつもりで
R says 〔r , r〕 rabbit.

1. はじめの音を聞いて、l か r を書きましょう。 ⬜6

1. l 2. r 3. l
4. l 5. r 6. r

2. 単語の上にフォニックスを書いて、( ) の中に絵の番号を書きましょう。 ⬜5

① ルイド　l i d (3)　② ゥルアト　r a t (2)　③ ルオグ　l o g (1)

④ ゥルエド　r e d (5)　⑤ ルエムオヌ　l e m o n (4)

Phonics 1 55 ページの答え

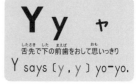

W w ゥ
くちびるをつき出し、思いっきり声を出して
W says 〔w , w〕 watch.

Y y ャ
舌先で下の前歯をおして思いっきり
Y says 〔y , y〕 yo-yo.

1. はじめの音を聞いて、w か y を書きましょう。 ⬜6

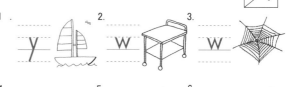

1. y 2. w 3. w
4. y 5. w 6. y

2. 単語の上にフォニックスを書いて、( ) の中に絵の番号を書きましょう。 ⬜5

① ヤエヌ　y e n (4)　② ウイグ　w i g (5)　③ ウエブ　w e b (3)

④ ウアグオヌ　w a g o n (2)　⑤ ヤオヤオ　y o - y o (6)

Phonics 2 43 ページの答え

1. 2文字母音を〇で囲みましょう。
また単語の上にフォニックスを書き、日本語の意味を下から選んで書きましょう。 ⬜20

スオー
1. saw （のこぎり）

スオースエイジュ×
2. sausage （ソーセージ）

ヌユー
3. new （新しい）

ムウーヌ
4. moon （月）

ウウッド
5. wood （木材）

ブオイ
6. boy （男の子）

クルアウド
7. cloud （雲）

ズウー
8. zoo （動物園）

ヌアウ
9. now （今）

クオイヌ
10. coin （コイン）

オートム ×
11. autumn （秋）

フゥット
12. foot （足）

ブオイル
13. boil （ゆでる）

スアウス
14. south （南）

ヴィユー
15. view （景色）

スプウーヌ
16. spoon （スプーン）

ドアウ
17. down （下へ）

エヌジュオイ
18. enjoy （楽しむ）

オーグアスト
19. August （8月）

グウッド
20. good （良い）

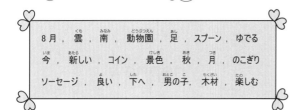

8月，雲，南，動物園，足，スプーン，ゆでる

今，新しい，コイン，景色，秋，月，のこぎり

ソーセージ，良い，下へ，男の子，木材，楽しむ

Phonics 2 47 ページの答え

ar ア〜
くちをたてに大きく広げて、舌先を丸めて

アー
card

1. 単語の上にフォニックスを書いて読んでみましょう。 🔊CD-2 56 ⬜12

アーム
1. arm

アート
2. art

クアー
3. car

クアード
4. card

ドアーク
5. dark

ファーム
6. farm

スムアート
7. smart

ストアー
8. star

ムアーク
9. mark

チュアーム
10. charm

プアーク
11. park

ヤアード
12. yard

2. 絵にあう単語を上から選んで書きましょう。 ⬜6

1. park　2. smart　3. car

4. arm　5. star　6. charm

J j ジュ
口を丸めて、舌先を前歯の裏側近くにおいて
J says 〔j, j〕 juice.

H h ハ
口を大きく開きおなかからいっきに息だけで
H says 〔h, h〕 hat.

1. はじめの音を聞いて、j か h を書きましょう。　⬜6

1. h
2. j
3. h
4. j
5. j
6. h

2. 単語の上にフォニックスを書いて、( )の中に絵の番号を書きましょう。　⬜5

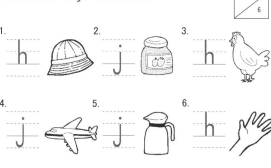

① ハ エ ヌ
h e n (3)

② ジュ ア ム
j a m (2)

③ ハ ア ト
h a t (1)

④ ハ ア ヌ ド
h a n d (6)

⑤ ジュ ア グ
j u g (5)

☆書きとりをしましょう。また単語の上にフォニックスも書きましょう。　⬜6

① 1.ハ アト 2.ウ エ ト
My hat is wet.
（帽子）　（ぬれている）

② 3.ウル ア ヌ 4.ヤ アˉ ド
I run in the yard.
（走る）　（庭）

③ 5.ジュ エ ト 6.ル オ グ
A toy jet is on the log.
（飛行機）　（丸太）

---

or オ~
口をややすぼめて、舌先を丸めて

fork

1. 単語の上にフォニックスを書きましょう。
また絵にあう単語を書きましょう。　⬜6

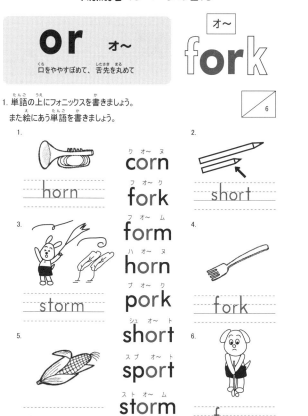

1. corn
fork
horn
form
horn
pork
short
sport
storm

horn
storm
corn

2. short

3. form

4. fork

5. corn

6. form

ir er ur ア~
口を少しあけて、舌先を丸めて

bird

1. 単語の上にフォニックスを書きましょう。
また絵にあう単語を書きましょう。　⬜6

ブ アˉ ド
bird
グ アˉル
girl
シュ アˉト
shirt
スク アˉト
skirt
フ アˉ ヌ
fern
ス アˉ ヴ ✕
serve
ブ アˉ スオ ヌ
person
トア ヌ
turn
チュ アˉ チュ
church

1. church
2. fern
3. bird
4. girl
5. skirt
6. serve

Phonics 1　58 ページの答え

 K k ク
口のおくから、息だけで
（ c と同じ音）
K says〔k , k〕king.

 Qu qu クゥ
くちびるをつき出だして
Q says〔qu,qu〕queen.

X x クス
笑うように、息だけで
X says〔x , x〕fox.

1. はじめの音を聞いて、k か q か x を書きましょう。
（x はさいごの音になります）　　□ 6

1. k（王様のイラスト）　2. qu　3. x

4. qu（What? 犬）　5. x　6. k（猫）

2. 単語の上にフォニックスを書いて、（ ）の中に絵の番号を書きましょう。　□ 5

① ア クス　a x（3）　② ク イ ン グ　k i n g（1）　③ ス イ クス　s i x（5）

④ ク イ ト × エ ヌ　k i t t e n（6）　⑤ クゥ イ ル ト　q u i l t（2）

Phonics 1　59 ページの答え

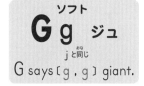 **C c** ス（ソフト）
s と同じ
C says〔c , c〕city.

G g ジュ（ソフト）
j と同じ
G says〔g , g〕giant.

1. はじめの音を聞いて、c か g を書きましょう。　□ 6

1. c　2. g　3. c

4. g　5. c　6. g

2. 単語の上にフォニックスを書いて、（ ）の中に絵の番号を書きましょう。　□ 5

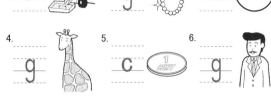

① ス エ ヌ ト　c e n t（5）　② ジュ エ ム　g e m（2）　③ ス エ ム エ ヌ ト　c e m e n t（1）

④ ジュ エ ヌ ト ル × ム ア ヌ　g e n t l e m a n（6）　⑤ ス エ ヌ ト ア 〜　c e n t e r（3）

Phonics 2　50 ページの答え

1. 単語の上にフォニックスを書いて、読んでみましょう。
また、単語にあう絵の番号を、□の中に書きましょう。　□ 12

5	スム ア〜 ヌ smart	4	ハ オ〜 ヌ horn	7	シュ ア〜ト shirt
6	クオ〜ヌ corn	12	ヤ ア〜ド yard	2	チュ ア〜 チュ church
3	チュア〜 ム charm	9	スク ア〜ト skirt	1	ア〜 ム arm
10	スプ オ〜ト sport	8	フア〜ヌ fern	11	スト オ〜 ム storm

Phonics 2　51 ページの答え

 語尾につく
___er, ___or ア〜
口を少しあけて、舌先を丸めて

 act o r ア〜

1. 単語の上にフォニックスを書いて読んでみましょう。　□ 9

1. フィン グ ア〜 **finger**　2. スイン グ ア〜 **singer**　3. スイスト ア〜 **sister**

4. プレイ× ア〜 **player**　5. トイ× チュ ア〜 **teacher**　6. アクト ア〜 **actor**

7. ド オクト ア〜 **doctor**　8. スエイ×ルア〜 **sailor**　9. クオヌ ド アクト ア〜 **conductor**

2. 絵にあう単語を上から選んで書きましょう。　□ 6

1. singer　2. finger　3. player

4. conductor　5. sailor　6. doctor

a b c d e f g h i j k l m n

オ ブ クゥ ゥル スト ア ヴ ウ クス ヤ ズ ス ジュ
ソフト ソフト
o p q u r s t u v w x y z c g

1. はじめの音を小文字で書きましょう。

① p	② b	③ t

Let's Say!

⑦ a	⑧ e

⑪ u	⑫ m	⑬ n

⑰  z	⑱ l	⑲  r

㉓ h	㉔ k	㉕ qu

28

④  d	⑤ c	⑥ g

⑨ i	⑩ o	Let's Write!

⑭ f	⑮ v	⑯ s

⑳ w	㉑ y	㉒ j

㉖ x	㉗ c	㉘ g

※さいごの音

 **air** エア〜
くち よこ つよ ひ　したさき まる
口を横に強く引き、舌先を丸めて

 **ear** イア〜
くち おも よこ ひら　したさき まる
口を思いっきり横に開いて、舌先を丸めて

1. 単語の上にフォニックスを書いて読んでみましょう。

12

エ ア〜　　　　フィア〜　　　　ハイア〜　　　　ブイア〜
1. air　　2. fair　　3. hair　　4. pair

チュ イア〜　　イア〜　　　　ドイア〜　　　フイア〜
5. chair　　6. ear　　7. dear　　8. fear

ヌイア〜　　　ヴイア〜　　　トイア〜　　　ハイア〜
9. near　　10. gear　　11. tear　　12. hear

2. 絵にあう単語を上から選んで書きましょう。

6

1. pair	2. hair	3. chair
4. ear	5. tear	6. air

1. 下線がひいてある単語の上にフォニックスを書いて、文を読んでみましょう。
また、文とあう絵の番号を書きましょう。

6

ブ エイス× ブ オール ブルエイ× ア〜
A. This is a baseball player.　(5)

ブア〜 ド　　　　　トゥルイー×
B. The bird is in the tree.　(3)

ハ アウス×　　　ヌイア〜　　　ブア〜 ク
C. My house is near the park.　(1)

ブゥ ァ ズ ア〜　　　スエイ×ルア〜
D. My brother is a sailor.　(4)

スイストア〜　　　ヌ ア〜ス
E. My sister is a nurse.　(2)

ハア〜 ハイア〜　　ブア〜フエクト
F. Her hair is perfect.　(6)

☆うしろに e がつくと違う単語に変身しますよ！

/ 5

ク	ア	プ
c	a	p

→

ク	エイ	プ	×
c	a	p	e

1. 他の母音についても、末尾に e がつくと、前の母音がアルファベットの読み方に変わります。 □ の中にフォニックスを書いてみましょう。

1.
ム	ア	ト
m	a	t
→
ム	エイ	ト	×
m	a	t	e

2.
ウ	イ	ヌ
w	i	n
→
ウ	アイ	ヌ	×
w	i	n	e

3.
ク	ア	ト
c	u	t
→
ク	ュート	×
c	u	t	e

4.
プ	エ	ト
p	e	t
→
プ	イ	ト	×
P	e	t	e

5.
ハ	オ	プ
h	o	p
→
ハ	オウ	プ	×
h	o	p	e

a エイ

後ろに e がつくとアルファベット読みに変わる

	エイ		×

c a p e

1. 単語の上にフォニックスを書きましょう。
また絵にあう単語を書きましょう。

/ 6

1.
ク	エイ	プ	×
c	a	p	e
tape

ブ	エイ	ク	×
b	a	k	e

2.
ト	エイ	プ	×
t	a	p	e
gate

ヌ	エイ	ム	×
n	a	m	e

3.
ヴ	エイ	ス	×
v	a	s	e
cape

グ	エイ	ト	×
g	a	t	e

4. vase

5. bake

6. name

---

ire アイア〜   **ore** オア〜   **our** アワ〜

1. 単語の上にフォニックスを書いて読んでみましょう。

/ 9

1. トアイア〜 tire
2. ウアイア〜 wire
3. フアイア〜 fire
4. ムオア〜 more
5. スクオア〜 score
6. ストオア〜 store
7. アワ〜 our
8. スアワ〜 sour
9. × アワ〜 hour

2. 絵にあう単語を上から選んで書きましょう。

/ 6

1. store   2. tire   3. hour
4. score   5. sour   6. fire

---

1. 単語の上にフォニックスを書いて、読んでみましょう。
また日本語の意味を下から選んで書きましょう。

/ 20

① ストア〜 star （ 星 ）
② ヤア〜ド yard （ 庭 ）
③ クオ〜ヌ corn （ とうもろこし ）
④ ストオ〜ム storm （ 嵐 ）
⑤ グア〜ル girl （ 女の子 ）
⑥ シュア〜ト shirt （ シャツ ）
⑦ チュア〜チュ church （ 教会 ）
⑧ プア〜ス× purse （ さいふ ）
⑨ スア〜ヴ× serve （ 仕える ）
⑩ クルア〜ク clerk （ 事務員 ）

⑪ スイスタ〜 sister （ 姉妹 ）
⑫ フィングア〜 finger （ 指 ）
⑬ アクトア〜 actor （ 俳優 ）
⑭ エア〜 air （ 空気 ）
⑮ イア〜 ear （ 耳 ）
⑯ ヌイア〜 near （ 近い ）
⑰ トイア〜 tear （ 涙 ）
⑱ スアワ〜 sour （ すっぱい ）
⑲ フアイア〜 fire （ 火 ）
⑳ スクオア〜 score （ 得点 ）

庭、教会、さいふ、涙、姉妹、事務員、耳、すっぱい、仕える、星
とうもろこし、空気、得点、女の子、俳優、シャツ、火、嵐、近い、指

イー □ ×

e v e

5

1. 単語の上にフォニックスを書きましょう。
また絵にあう単語を書きましょう。

1. My name is **Pete**

イー	ヴ	×
e	v	e

ム	イー	ト	×
m	e	t	e

mete

2. **theme**

プ	イー	ト	×
P	e	t	e

ス	イー	ム	×
th	e	m	e

th e m e

Steve

ス	ト	イー	ヴ	×
S	t	e	v	e

3. mete

4. **Steve**

5. **Christmas** eve

□ アイ □ ×

b i k e

6

1. 単語の上にフォニックスを書きましょう。
また絵にあう単語を書きましょう。

1. **rice**

ト	アイ	ム	×
t	i	m	e

ル	アイ	ク	×
l	i	k	e

2. **wine**

ウ	アイ	ヌ	×
w	i	n	e

ク	アイ	ト	×
k	i	t	e

3. **bike**

ブ	アイ	ク	×
b	i	k	e

ウル	アイ	ス	×
r	i	c	e

4. **kite**

5. **like**

6. **time**

音なしの **k**
kn のとき k は読まない

音なしの **gh**
gh は読まない
gh の前にある i はアルファベット読み

1. 単語の上にフォニックスを書きましょう。
また絵にあう単語を書きましょう。

6

1.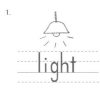
light

× ヌ アイフ ×
knife

× ヌ オク
knock

2.
night

3.
knock

× ヌ イト
knit

× ヌ イー
knee

4.
knife

5.
high

ハ アイ
high

ル アイ × ト
light

6.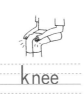
knee

ヌ アイ × ト
night

ウル アイ × ト
right

bb→b ブ

ブ ×

ra **bb** it

1. 単語の上にフォニックスを書いて読んでみましょう。

12

ウル アブ × イト
1. **rabbit**

ト エ ヌ × イス
2. **tennis**

グ ウル ア ス ×
3. **grass**

ス ム エル×
4. **smell**

グ ル ア ス ×
5. **glass**

ブ ア ト ×アー
6. **butter**

ク オ フ イー×
7. **coffee**

ス アブ × アー
8. **supper**

ドゥル エ ス ×
9. **dress**

ウル ア ヌ × アー
10. **runner**

ル エ ト ×アー
11. **letter**

ス アム × アー
12. **summer**

2. 絵にあう単語を上から選んで書きましょう。

6

1.
glass

2.
runner

3.
dress

4.
letter

5.
tennis

6.
smell

Phonics 1 69 ページの答え

o オウ
後ろに e がつくとアルファベット読みに変わる

| | オウ | | × |

rope

1. 単語の上にフォニックスを書きましょう。
   また絵にあう単語を書きましょう。 □6

| ウル | オウ | プ | × |
| r | o | p | e |

1. joke

| ジュ | オウ | ク | × |
| j | o | k | e |

| ハ | オウ | ル | × |
| h | o | l | e |

2. pole

| ヌ | オウ | ズ | × |
| n | o | s | e |

| プ | オウ | ル | × |
| p | o | l | e |

3. hole

| ク | オウ | ヌ | × |
| c | o | n | e |

4. nose

5. rope

6. cone

Phonics 1 70 ページの答え

u ユー
後ろに e がつくとアルファベット読みに変わる

| | ユー | | × |

cute

1. 単語の上にフォニックスを書きましょう。
   また絵にあう単語を書きましょう。 □6

| ク | ユート | × |
| c | u | t | e |

1. cube

| ト | ユー | ヌ | × |
| t | u | n | e |

| ジュ | ユー | ヌ | × |
| J | u | n | e |

2. June

| ハ | ユー | ジュ | × |
| h | u | g | e |

| ム | ユー | ズ | × |
| M | u | s | e |

3. cute

| ク | ユー | ブ | × |
| c | u | b | e |

4. Muse

5. tune

6. huge

Phonics 2 61 ページの答え

How many words can you write? □14

1. letter	8. knock
2. grass	9. runner
3. tennis	10. knee
4. light	11. dress
5. smell	12. knife
6. night	13. glass
7. high	14. knit

Phonics 2 63 ページの答え

音なしの e
末尾の e は発音しない

| | | | × |

housе

1. 単語の上にフォニックスを書いて読んでみましょう。 □12

ハ アウス×
1. house
ム アウス×
2. mouse
ブルアウス×
3. blouse
ヌ ア〜 ス×
4. nurse

ハ オ〜 ス×
5. horse
ブ ア〜ス×
6. purse
スア〜 ヴ×
7. serve
ブアド ×ル×
8. puddle

スルイー ヴ×
9. sleeve
スヌイー×ズ×
10. sneeze
ブアブ ×ル×
11. bubble
スクウ イー ズ×
12. squeeze

2. 絵にあう単語を上から選んで書きましょう。 □6

1. horse
2. sneeze
3. puddle
4. serve
5. house
6. bubble

-22-

Phonics 1 71 ページの答え

1. サイレント **e** のルールを使って、まん中の音を書きましょう。 [/6]

1. c a k e
2. t u b e
3. d i v e
4. p o s e
5. c a g e
6. f i v e

2. サイレント **e** のルールを使って、正しい音の組み合わせを書きましょう。 [/6]

1. P e t e
2. g a m e
3. r o s e
4. n i n e
5. u s e
6. r i d e

Phonics 1 72 ページの答え

1. 絵にあう単語を下から選び書きましょう。
   また単語の上に、フォニックスも書きましょう。 [/12]

1. ハ オウム × home
2. トューヌ × tune
3. ハ ユージュ × huge
4. ブ オウ ヌ × bone
5. ル アイク × like
6. ブ エイジュ × page
7. ストーヴ × Steve
8. グ エイト × gate
9. ウ アイ ヌ × wine
10. ク ユーブ × cube
11. ス イーム × theme
12. ブ アイ ヌ × pine

page , like , home , Steve , gate , wine
cube , theme , pine , huge , tune , bone

Phonics 2 65 ページの答え

末尾の y イ or アイ
末尾が子音＋yの時、yはイまたはアイと発音する

[イ] [アイ] ci**ty** , sk**y**

1. 単語の上にフォニックスを書いて読んでみましょう。 [/12]

[イ]
1. ク アヌドイ candy
2. ストアドイ study
3. ブ ア～トイ party
4. スイトイ city
5. ム アム × イ mommy
6. ハ アブ × イ happy

[アイ]
7. ム アイ my
8. クゥルアイ cry
9. ドゥルアイ dry
10. フルアイ fly
11. スク アイ sky
12. トゥルアイ try

2. 絵にあう単語を上から選んで書きましょう。 [/6]

1. city
2. sky
3. mommy
4. study
5. dry
6. happy

1. これから発音する単語を書いてみましょう。

1.	cape	7.	mete
2.	note	8.	five
3.	kite	9.	hole
4.	cute	10.	cake
5.	eve	11.	rice
6.	vase	12.	tube

Phonics English Notebook

NAME: _____

CLASS: _____

Phonics

Phonics

Phonics

Phonics

Phonics

Phonics

Phonics

Phonics

書いて覚える
楽しいフォニックス